NOUVELLE LÉGISLATION ANGLAISE

SUR

LES ASSOCIATIONS COMMERCIALES PAR ACTIONS.

AVANT-PROPOS.

Dans son discours d'ouverture de la session de 1860, l'Empereur Napoléon III a prononcé les paroles suivantes, qui méritent une attention toute particulière :

« Aujourd'hui, nos grandes exploitations sont gênées par une foule de « règlements restrictifs. »

Cette pensée, si juste et si profonde, a été signalée le lendemain à ses collègues par M. le comte de Morny, président du Corps législatif, lequel, dans un éloquent discours, a dit au début de la séance :

« Effectivement, Messieurs, l'esprit de nos Codes, de tous nos règle- « ments, s'est principalement proposé de prévenir les abus ; et, à force de « poursuivre l'abus, il est arrivé à gêner l'usage. »

Parmi les lois qui méritent principalement ce reproche, on s'accorde généralement à citer celle qui a été rendue, au mois de juillet 1856, sur les Sociétés en commandite.

Cette loi fut préparée à une époque où venaient d'éclater les scandales causés par un certain nombre d'associations dolosives, où les intérêts des petits capitalistes avaient été cruellement froissés. Elle dut se ressentir du sentiment d'indigation que ces affaires justement blâmables avaient excité.

Nous n'avons pas à examiner ici jusqu'à quel point la loi a rempli le but qu'on voulait atteindre, ou si elle ne l'a pas dépassé. Nous expliquerons seulement le motif qui nous a déterminé à faire connaître aux jurisconsultes français, comme à toutes les personnes qui, chez nous, s'occupent de commerce et d'industrie, la législation qui régit maintenant en Angleterre les associations commerciales par actions.

Cette législation a été récemment l'objet des justes éloges d'un homme considérable, parfaitement en situation d'en apprécier le mérite. Tous ceux qui ont lu le remarquable discours prononcé, dans l'installation des nouveaux juges du tribunal de commerce de Paris, par M. Dénière, président de ce tribunal et membre de la commission municipale et départementale, comprendront l'utilité de la publication que nous faisons en ce moment.

D'après les lois anglaises, la Société « *limitée* » est celle où la responsabilité des actionnaires ne va pas au delà de l'obligation de verser dans la caisse sociale le montant intégral des actions par eux souscrites; où, d'ailleurs, la « *Compagnie* » est désignée par un titre indiquant la nature de son exploitation et non par une raison sociale formée des noms des gérants.

C'est évidemment notre Société anonyme.

La Société « *illimitée* » , au contraire, est celle où la responsabilité des intéressés s'étend à toutes les dettes sociales, quelles qu'elles soient, sans pouvoir être restreinte aux mises de fonds stipulées; elle comprend dès lors tous les genres de Sociétés qui ne sont pas *limitées*.

Les Sociétés *en commandite* ne sont l'objet d'aucune disposition spéciale dans la loi du 14 juillet 1856, qui régit cependant, en Angleterre, toutes les Compagnies par actions et les autres associations, ainsi que l'exprime son titre : « *An act for Incorporation and Regulation of Joint Stock Companies and other Associations.* »

Le travail de traduire une loi anglaise est toujours pénible et ingrat, car le style judiciaire de nos voisins est généralement diffus et abondant en répétitions fastidieuses pour des Français, dont les Codes sont d'une rédaction constamment sobre, claire et précise. — Une telle œuvre ne pouvait être utilement confiée qu'à un jurisconsulte, également versé dans la pratique des deux langues et des deux législations. Nul n'offrait plus d'aptitude à cet égard que M. F. Le Baron, ancien avocat à la cour royale de Paris, qui a exercé pendant plus de quinze ans, à Londres, la profession d'avocat consultant. Il est, d'ailleurs, l'auteur du *Code des étrangers en Angleterre* et de plusieurs autres ouvrages justement estimés. En acceptant la tâche difficile qu'il vient d'accomplir, il s'est surtout proposé d'être exact, c'est-à-dire de rendre presque littéralement le style anglais, ce qui éloigne toute idée d'une production littéraire; ses lecteurs lui tiendront compte de son travail consciencieux et du courage qu'il y avait à l'entreprendre, quelque certain qu'il pût être d'en sortir à son honneur.

TABLE

DES MATIÈRES CONTENUES DANS LA LOI.

Statuts 19 et 20 de la Reine Victoria, chapitre 47.

PREMIÈRE PARTIE.

Constitution et incorporation des Compagnies et Associations.

DEUXIÈME PARTIE.

Direction et administration des Compagnies.

TROISIÈME PARTIE.

Liquidation.

Liquidation par la Cour.

Liquidateurs officiels.

Liquidation volontaire de toute Compagnie.

QUATRIÈME PARTIE.

Office d'enregistrement.

CINQUIÈME PARTIE.

Abrogation des anciennes lois et dispositions temporaires.

Abrogation.

Dispositions transitoires.

Ce que renferme la cédule.

CHAPITRE 47.

Acte pour l'incorporation et la régularisation des Compagnie par actions et autres associations.

(14 Juillet 1856.)

Considérant qu'il est expédient de consolider et amender la loi relative à l'incorporation et à la régularisation des Compagnies par actions et autres associations, Sa Majesté, par et avec l'avis et le consentement des lords spirituels et temporels et des Communes, en ce présent Parlement assemblés, et en vertu de son autorité, ordonne ce qui suit :

Titre sommaire de l'acte.

1. — Cet acte sera cité, dans toutes les circonstances, de cette manière :

« Acte de 1856 sur les Compagnies par actions. »

Cet acte ne s'applique pas aux Compagnies de banque et d'assurance.

2. — Cet acte ne s'appliquera pas aux personnes associées pour faire la banque ou des assurances.

PREMIÈRE PARTIE.

CONSTITUTION ET INCORPORATION DES COMPAGNIES ET ASSOCIATIONS.

ENREGISTREMENT.

Toute Compagnie se forme par un *Memorandum* d'association et son enregistrement.

3. — Sept ou un un plus grand nombre de personnes, associées dans un but légal, pourront, en souscrivant leurs noms à un *Memorandum* (1) d'association, et, en se conformant d'ailleurs aux prescriptions de cet acte relativement à l'enregistrement, se former en Compagnie incorporée, avec ou sans responsabilité limitée.

Pénalité contre les associations excédant, sans y être autorisées, un certain nombre d'associés.

4. — Vingt personnes au plus ne pourront, après le 3 novembre 1856, faire des associations de commerce ou d'affaires, ayant des profits pour objet, qu'elles n'aient été enregistrées comme une Compagnie, aux termes

(1) Le mot *Memorandum* est employé ici pour qualifier *l'acte* de demande d'autorisation de former une association par actions, dont il résume le but et les bases principales. (*Note du traducteur.*)

du présent acte, ou qu'elles ne soient autorisées à conduire leurs affaires par quelque acte privé du Parlement, ou une charte royale, ou des lettres patentes, ou qu'elles ne soient engagées dans des travaux de mines rentrant et soumis à la juridiction des Stannaries (1). Et si des individus font des affaires en société contrairement à ces dispositions, chacun d'eux sera passible du payement de la totalité des dettes de l'association, et pourra être poursuivi à cet égard, sans appeler, comme solidaires à l'action ou au procès, les autres membres de l'association.

Formalités requises par le *Memorandum* d'association.

5. — Le *Memorandum* d'association contiendra les choses suivantes, savoir :

1° Le nom de la Compagnie projetée;
2° La partie du Royaume-Uni, soit l'Angleterre, l'Ecosse ou l'Irlande, où l'office enregistré de la Compagnie sera établi;
3° Les objets pour lesquels la Compagnie projetée est formée;
4° La responsabilité des actionnaires, si elle est *limitée* ou *illimitée;*
5° Le montant du capital social de la Compagnie projetée;
6° Le nombre d'actions entre lesquelles ce capital est divisé, et le montant de chaque action, sauf la restriction suivante :

Qu'en cas de Compagnie formée avec responsabilité limitée, et ci-après nommée Compagnie « limitée » , le mot *limitée* sera le dernier mot dans le nom de la Compagnie.

Prohibition de noms identiques dans les Compagnies enregistrées.

6. — Nulle Compagnie ne sera enregistrée sous un nom identique avec celui sous lequel une Compagnie antérieure est déjà enregistrée, ou y ressemblant assez pour montrer l'envie de tromper; et si une Compagnie, par inadvertance ou autrement, est enregistrée sous un nom identique avec celui sous lequel est enregistrée une Compagnie antérieure, ou lui ressemblant assez pour pouvoir tromper, cette Compagnie antérieure pourra, avec la sanction de l'enregistreur, changer son nom; et, à la vue de ce changement, l'enregistreur inscrira le nouveau nom sur son registre à la place du premier ; mais ce changement de nom n'altérera en rien les droits ou obligations de la Compagnie, ou ne rendra pas défectueuses les procédures légales intentées ou à intenter par ou contre la Compagnie; et toutes procédures légales pourront être continuées ou commencées contre la Compagnie sous son nouveau nom, quand même elles auraient été continuées ou commencées contre la Compagnie sous son premier nom.

Forme du *Memorandum* d'association.

7. — Le *Memorandum* d'association sera fait dans la forme marquée A dans la cédule ci-annexée, ou dans une forme aussi semblable que les circonstances le permettront; et lorsqu'il sera enregistré, il liera la Compagnie et les actionnaires avec la même force que si chaque actionnaire y avait souscrit son nom et apposé son sceau, ou l'avait, de toute autre manière, dûment exécuté, et que s'il y avait écrit dans ce *Memorandum*, de la part de cet actionnaire, de ses héritiers, exécuteurs et administrateurs, un engagement de se conformer à toutes les prescriptions de ce *Memorandum*, conformément aux dispositions du présent acte.

---

(1) Juridiction spéciale à l'industrie des mines d'étain. (*Note du traducteur.*)

Actions à prendre par les souscripteurs du *Memorandum* d'association.

8. — Chaque souscripteur du *Memorandum* d'association prendra une action au moins dans la Compagnie : le nombre d'actions prises par chaque souscripteur sera mis en face de son nom dans ce *Memorandum* d'association; et lors de l'incorporation de la Compagnie, il sera inscrit sur le registre des actionnaires ci-après mentionné, en qualité d'actionnaire, suivant le nombre d'actions qu'il aura pris.

Des règles spéciales peuvent être prescrites par les articles d'association.

9. — Le *Memorandum* d'association pourra être accompagné d'articles d'association signés par les souscripteurs du *Memorandum* d'association, et prescrivant des règles pour la Compagnie; ces articles pourront aussi être annexés ou mis à la suite du *Memorandum;* mais si aucunes règles ne sont prescrites dans ces articles, ou si celles prescrites n'ont pas pour objet de modifier les règles contenues dans le modèle marqué B, à la cédule ci-annexée, ces dernières règles mentionnées, en tant qu'elles seront applicables, seront considérées comme le règlement de la Compagnie, et elles lieront la Compagnie et ses actionnaires avec la même force que si elles avaient été insérées dans les articles d'association, et que ces articles eussent été enregistrés.

Forme et effets des articles d'association.

10. — Les articles d'association seront dans la forme marquée C dans la cédule ci-annexée, ou aussi semblables que les circonstances le permettront. Lorsqu'ils seront enregistrés, ils lieront la Compagnie et les actionnaires avec la même force que si chaque actionnaire y avait souscrit son nom et apposé son sceau, ou les avait dûment exécutés de toute autre manière, et que s'il y eût écrit dans ces articles, de la part de cet actionnaire, ses héritiers, exécuteurs et administrateurs, un engagement de se conformer à toutes les prescriptions de ces articles, en se conformant aux dispositions du présent acte.

Timbre sur le *Memorandum* d'association et les articles d'association et usage des exemplaires imprimés.

11. — Le *Memorandum* d'association et les articles d'association porteront respectivement les mêmes timbres que s'ils étaient des actes. Toute personne signant une copie imprimée du *Memorandum* d'association ou des articles d'association sera considérée comme ayant signé ce *Memorandum* et ces articles respectivement; et lorsque le timbre voulu aura été dûment apposé sur ce *Memorandum* d'association ou ces articles d'association, il ne sera pas nécessaire de timbrer les copies imprimées ainsi signées; la signature, par toute personne, du *Memorandum* d'association ou des articles d'association, sera attestée par au moins un témoin, et cette attestation d'un seul témoin sera suffisante en Ecosse, aussi bien qu'en Angleterre et en Irlande.

Enregistrement du *Memorandum* et des articles d'association.

12. — Le *Memorandum* d'association et les articles d'association seront remis à l'enregistreur des Compagnies par actions, lequel les gardera et les enregistrera; il sera payé à l'enregistreur des Compagnies par actions, conformément aux différentes prescriptions mentionnées dans la table marquée D à la cédule ci annexée, les droits qui y sont spécifiés, ou tels moindres droits que le conseil de commerce pourra établir de temps à autre : ces droits ainsi payés seront portés en recette dans l'échiquier de Sa Majesté, et admis dans le compte des fonds consolidés du Royaume-Uni de la Grande-Bretagne et d'Irlande.

Effet de l'enregistrement.

13. — Sur tout *Memorandum* d'association portant ou non des articles d'association, qui aura été enregistré, l'enregistreur certifiera par sa signature que la Compagnie est incorporée, et, s'il s'agit d'une Compagnie limitée, que la Compagnie est « limitée. » Les souscripteurs du *Memorandum* d'association, ensemble les autres personnes qui pourront, au fur et à mesure, devenir actionnaires de la Compagnie, formeront alors une corporation portant le nom prescrit dans le *Memorandum* d'association, ayant une succession perpétuelle et un sceau commun, et aussi le pouvoir de posséder des terres, mais soumis à la responsabilité pécuniaire, de la part des actionnaires, qui sera ci-après mentionnée. Le certificat d'incorporation délivré par l'enregistreur sera une preuve inattaquable que toutes les prescriptions du présent acte, en ce qui concerne l'enregistrement, ont été dûment exécutées, et la date de ce certificat sera considérée comme étant la date de l'incorporation de la Compagnie.

Les directeurs sont responsables des dettes lorsqu'ils font payer des dividendes sachant la Compagnie insolvable.

14. — Si les directeurs d'une Compagnie déclaraient et payaient des dividendes, sachant que la Compagnie est insolvable, ou des dividendes dont ils sauraient que le payement rendrait la Compagnie insolvable, ils seraient conjointement et solidairement responsables de toutes les dettes de la Compagnie existant alors, et de toutes celles contractées ensuite, aussi longtemps qu'ils continueraient respectivement leurs fonctions; pourvu cependant que le montant de cette responsabilité ne dépasse pas le montant de ces dividendes. Si quelques-uns des directeurs étaient absents au moment où ces dividendes auraient été déclarés ou payés, ou s'ils s'y étaient opposés en faisant constater leur opposition par écrit par le secrétaire de la Compagnie, ils seraient exemptés de cette responsabilité.

Délivrance des actions par la Compagnie.

15. — Aussitôt qu'un certificat d'incorporation aura été délivré par l'enregistreur des Compagnies par actions, la Compagnie pourra délivrer des certificats d'actions aux souscripteurs du *Memorandum* d'association et à toutes les autres personnes auxquelles des actions pourront être allouées, au nombre et pour le montant prescrit dans le *Memorandum* d'association, mais non pour un plus grand nombre ni un montant plus élevé : les actions ainsi délivrées seront biens personnels et ne participeront en rien de la nature des biens réels; chaque action sera distinguée par son numéro particulier.

Registre des actionnaires.

Registre des actionnaires.

16. — Toute Compagnie enregistrée conformément au présent acte, et, ainsi qu'il est dit ci-après, comme « La Compagnie, » fera tenir dans un ou plusieurs volumes le registre des actionnaires, qui comprendra les indications suivantes :

1° Les noms, adresses et professions, s'ils en ont, des actionnaires de la Compagnie, et les actions que chacun d'eux possède, distinguant chaque action par son numéro;

2° Le montant payé sur les actions de chaque actionnaire;

3° La date à laquelle le nom des personnes a été inscrit sur le registre comme actionnaires;

4° La date à laquelle tout individu a cessé d'être actionnaire à raison de ses actions.

17. — Il sera dressé, une fois au moins par année, une liste des personnes qui, dans la quinzaine du jour après la tenue de l'assemblée générale ordinaire de la Compagnie, ou, s'il y a plus d'une assemblée ordinaire par année, après la première tenue de cette assemblée générale ordinaire, sont porteurs d'actions dans la Compagnie; cette liste comprendra les noms, les adresses et les professions des personnes y mentionnées, le nombre des actions dont elles sont porteurs, et contiendra un sommaire spécifiant les particularités suivantes : Liste annuelle des actionnaires sur le registre.

1° Le montant du capital nominal de la Compagnie, et le nombre d'actions dans lequel il est divisé;
2° Le nombre des actions prises depuis le commencement de la Compagnie jusqu'à la date du sommaire;
3° Le montant des appels faits sur chaque action;
4° Le montant total des appels qui ont été reçus;
5° Le montant total des appels non payés;
6° Le montant total des actions forfaites.

Les susdits listes et sommaires seront inscrits dans une partie séparée du registre et seront dans la forme marquée E dans la cédule ci-annexée, ou s'en rapprochant autant que les circonstances pourront le permettre. Cette liste et ce sommaire seront complétés dans les sept jours qui suivront la quinzaine mentionnée dans cette section, et une copie, rendue authentique par le sceau de la Compagnie, sera immédiatement adressée à l'enregistreur; toute personne pourra l'examiner et en prendre des copies, en se conformant aux règles auxquelles sera soumise toute personne déclarée, ci-après, comme ayant droit d'examiner et de prendre des copies des documents tenus par l'enregistreur.

18. — Si une Compagnie, enregistrée conformément au présent acte, fait la faute de ne pas tenir un registre des actionnaires ou de ne pas envoyer une copie de la liste et du sommaire susdits à l'enregistreur, en exécution des règles ci-dessus prescrites, cette Compagnie encourra la pénalité de cinq livres au plus pour chaque jour de retard. Pénalité encourue par toute Compagnie ne tenant pas le registre prescrit.

19. — Nulle demande de crédit, expresse, implicite ou interprétative, ne sera portée sur le registre ou recevable par la Compagnie. Quiconque a pris une action dans une Compagnie enregistrée, conformément au présent acte, et dont le nom est porté sur le registre des actionnaires, et nulle autre personne (excepté tout souscripteur du *Memorandum* d'association, à l'égard des actions par lui souscrites) sera, aux termes du présent acte, considéré comme actionnaire. Définition restrictive de l'actionnaire.

20. — Tout transfert d'action dans la Compagnie sera fait dans la forme marquée F, dans la cédule ci-annexée, ou dans toute autre forme équivalente, et sera exécuté en même temps par le cédant et le cessionnaire; le cédant sera considéré comme restant actionnaire jusqu'à ce que le nom du cessionnaire soit inscrit sur le livre registre tenu à cet effet. Transfert des actions.

21. — Tout certificat, revêtu du sceau commun de la Compagnie, spécifiant une ou plusieurs actions aux mains d'un porteur d'action, sera considéré comme preuve *primâ facie* du droit du porteur, à l'action ou aux actions qui y sont spécifiées. Certificat d'actions.

Les appels non payés constituent une dette envers la Compagnie.

22. — Le montant des appels restés non payés, dans une action, sera considéré comme une créance due à la Compagnie par le porteur de cette action.

Examen du registre.

23. — Le registre des actionnaires, commençant à partir de l'incorporation de toute Compagnie, sera tenu à l'office enregistré de la Compagnie, ci-après mentionné. Excepté lorsqu'il sera clos, comme il sera dit ci-après, il sera ouvert pendant les heures d'affaires (sauf les restrictions raisonnables imposées par la Compagnie en assemblée générale, de manière cependant qu'au moins deux heures par jour soient désignées pour l'examen), à l'inspection gratuite de tout actionnaire, comme aussi à l'inspection de toute autre personne, mais en payant un shilling ou une moindre somme, ainsi que pourra l'ordonner la Compagnie, pour chaque inspection. Tout actionnaire, comme aussi toute autre personne pourra demander une copie de ce registre ou de la partie qui lui convient, en payant six pence pour chaque cent mots dont la copie est demandée; si cette inspection, ou copie, est refusée, la Compagnie encourra, pour chaque refus, une pénalité n'excédant pas deux livres, et une autre pénalité n'excédant pas deux livres pour chaque jour durant lequel ce refus se sera prolongé.

Faculté de clore le registre.

24. — Pourra la Compagnie, en en donnant information par un avertissement, dans quelque journal circulant dans le district où est situé l'office enregistré de la Compagnie, clore le registre des actionnaires pour un intervalle de temps n'excédant pas en totalité vingt et un jours par année, et tout le temps que durera cette clôture des livres ne sera pas reconnu comme faisant partie du temps durant lequel un transfert doit être enregistré.

Remède contre toute inscription indue ou toute omission d'inscription sur le registre.

25. — Si le nom d'une personne est, sans motifs suffisants, enregistré ou omis dans le registre des actionnaires d'une Compagnie, cette personne, ou tout actionnaire de la Compagnie, pourra, en ce qui concerne les Compagnies enregistrées en Angleterre où en Irlande, par une requête dans l'une des Cours supérieures de Sa Majesté, de droit commun ou d'équité, et en ce qui concerne les Compagnies enregistrées en Écosse, par une pétition sommaire à la Cour de session, requérir de cette Cour l'ordre que le registre soit rectifié; la Cour pourra, soit rejeter la requête, avec ou sans frais à payer par le demandeur, ou, si elle reconnaît la justice de la demande, rendre un ordre pour la rectification du registre; elle pourra aussi condamner la Compagnie à payer les frais de cette requête ou pétition, et les dommages-intérêts que la partie lésée peut avoir éprouvés. Si la Compagnie fait défaut ou se rend coupable de délais inutiles pour enregistrer tout transfert d'actions, elle sera responsable envers la personne, lésée par ce défaut ou ce délai, jusqu'à concurrence des dommages qu'elle pourra en avoir éprouvés.

Le registre fait preuve.

26. — Le registre des actionnaires fera preuve de toutes les prescriptions ordonnées par le présent acte, ou de celles dont il y autorise l'insertion.

Des copies du *Memorandum* et des articles d'association seront remises aux actionnaires.

27. — Des copies du *Memorandum* d'association et des articles d'association seront fournies à chaque actionnaire, sur sa demande et en payant par lui la somme d'un shilling pour chaque copie, ou une somme moindre, suivant les prescriptions de la Compagnie.

DEUXIÈME PARTIE.

DIRECTION ET ADMINISTRATION DES COMPAGNIES.

TITRE GÉNÉRAL.

28. — La Compagnie aura un office enregistré où seront adressées toutes les communications et notices (1). Office enregistré de la Compagnie.

Toute Compagnie enregistrée en vertu du présent acte, qui gérera ses affaires sans avoir un pareil office, encourra une pénalité qui n'excédera pas cinq livres pour chaque jour durant lequel les affaires auront été ainsi gérées.

29. — Notice de la situation de cet office enregistré ou de son changement sera donnée à l'enregistreur des Compagnies par actions, qui l'enregistrera sur son livre; jusqu'à ce que cette notice soit donnée, la Compagnie ne sera pas considérée comme ayant satisfait aux prescriptions du présent acte, en ce qui concerne un office enregistré. Notice de la situation de l'office enregistré.

30. — Toute Compagnie « *Limitée,* » enregistrée en vertu du présent acte, fera peindre ou afficher, ou tiendra peint ou affiché son nom, au dehors de chaque office, ou lieu où les affaires de la Compagnie seront traitées, dans un endroit visible, en lettres faciles à lire ; elle aura aussi son nom gravé en caractères lisibles sur son sceau; elle aura également son nom mentionné en caractères lisibles dans les notices, avertissements et autres publications officielles de cette Compagnie, dans les lettres de change, billets à ordre, endossements, chèques et ordres pour argent et marchandises, exigeant signature par ou en faveur de cette Compagnie, enfin, dans les mémoires de paquets, factures, reçus et lettres de crédit de la Compagnie. Publication de son nom par toute Compagnie limitée.

31. — Toute Compagnie « *Limitée,* » enregistrée en vertu du présent acte, qui ne peindra ou n'affichera pas, ou qui ne tiendra pas peint ou affiché son nom, comme il vient d'être dit, sera passible d'une pénalité n'excédant pas cinq livres, pour n'avoir ni peint, ni affiché son nom, et pour chaque jour durant lequel ce nom n'aura été tenu ni peint, ni affiché; Pénalité pour défaut de publication de ce nom.

(1) Le mot *notice*, fréquemment employé dans la loi, s'applique à toute notification, à tout avis, devant avoir un caractère authentique (*Note du traducteur.*)

et si un employé de cette Compagnie, ou toute personne dans son intérêt, se sert d'un sceau supposé être le sceau de la Compagnie, sur lequel son nom n'est pas gravé comme il est dit, et délivre ou autorise la délivrance de notices, avertissements ou autres publications officielles de cette Compagnie, ou signe ou autorise la signature, dans l'intérêt de cette Compagnie, de lettres de change, billets à ordre, endos, chèques, ordres pour argent ou marchandises, délivre ou autorise la délivrance de mémoires de paquets, factures, reçus ou lettres de crédit de la Compagnie, sans que son nom y soit mentionné, comme il a été dit, ils seront passibles d'une pénalité de cinquante livres et seront de plus personnellement resoonsables envers le porteur de toute lettre de change, billet à ordre, chèque ou ordre pour argent ou marchandises, pour leur montant, à moins que la Compagnie ne paye dûment elle-même.

Assemblée générale de la Compagnie.

32. — Une assemblée générale de la Compagnie sera tenue au moins une fois par année.

Pouvoir de la Compagnie de changer ses statuts par une résolution spéciale.

33. — Toute Compagnie, enregistrée en vertu du présent acte, pourra, en assemblée générale, de temps à autre, par une résolution spéciale comme il sera mentionné ci-après, modifier et faire de nouvelles dispositions, à la place ou en addition des règlements de la Compagnie contenus dans les articles d'association, ou dans la table marquée B aux cédules ci-annexées.

Définition d'une résolution spéciale.

34. — Sera considérée comme une résolution spéciale de la Compagnie, celle qui aura été prise par les trois quarts en nombre et en somme des actionnaires de la Compagnie en existence, ayant droit de voter personnellement ou par mandataire (dans le cas où d'après les règles de la Compagnie les mandataires seraient admis) dans toute assemblée dont la notice, spécifiant l'intention de proposer cette résolution, aura été dûment donnée; cette résolution devra être confirmée par une majorité des actionnaires titulaires ayant droit de voter personnellement ou par mandataire, à une subséquente assemblée, dont avis aura été dûment donné, et tenue après un intervalle d'un mois au moins et de trois mois au plus de la date de l'assemblée à laquelle a été passée, pour la première fois, cette résolution spéciale; et à moins qu'un scrutin ne soit demandé par cinq actionnaires au moins, la déclaration du président d'une telle assemblée, comme il est dit dans cette section, qu'une résolution spéciale a été passée, sera considérée comme preuve positive du fait, sans qu'il soit nécessaire de prouver le nombre ou la proportion des votes constatés en faveur ou contre cette mesure. On considérera comme valablement donnée, dans le but de cet article, toute notice pour une assemblée, et comme valablement tenue, cette assemblée, lorsque cette notice sera donnée et l'assemblée tenue de la manière prescrite par les règles de la Compagnie.

Enregistrement des résolutions spéciales.

35. — La copie de toute résolution spéciale passée par une Compagnie enregistrée, conformément au présent acte, sera transmise à l'enregistreur des Compagnies par actions et enregistrée par lui. Si cette copie n'est pas transmise dans la quinzaine de la date de la passation de la résolution, la Compagnie encourra une pénalité n'excédant pas deux livres pour chaque jour après l'expiration de la quinzaine durant laquelle il a été omis de faire cet envoi.

36. — La copie de toute résolution spéciale sera remise à tout actionnaire, contre le payement d'un shilling, ou toute autre somme moindre, qui pourra être fixée par la Compagnie.

Copies des résolutions spéciales à délivrer aux actionnaires.

37. — La Compagnie, si elle y est autorisée par ses statuts, pourra augmenter son capital nominal de la manière prescrite par ces statuts, mais avis de l'augmentation ainsi faite sera donné à l'enregistreur des Sociétés par action, dans la quinzaine de la date de la passation de la résolution par laquelle cette augmentation a été autorisée, et l'enregistreur enregistrera immédiatement le montant de cette augmentation ; si cette notice n'est pas donnée dans le susdit délai, la Compagnie encourra une pénalité n'excédant pas cinq livres par chaque jour de retard, causé par cette négligence d'avoir donné notice.

Notice, à l'enregistreur, de l'augmentation du capital.

38. — Nulle Compagnie, qui, pendant son existence, ne traite pas d'un commerce ou d'affaires ayant des profits pour cet objet, n'aura le droit, sans la sanction du conseil de commerce, de posséder plus de deux acres de terre ; mais ce conseil pourra autoriser cette Compagnie à posséder des terres, en telle quantité et à telles conditions qu'il jugera convenable ; et, à cet effet, il pourra accorder une licence dans la forme marquée G dans la cédule ci-annexée, ou dans toute autre forme équivalente.

Prohibition de posséder plus de deux acres de terres.

39. — Si une Compagnie enregistrée, conformément au présent acte, lorsque le nombre de ses actionnaires est au-dessous de sept, continue les affaires pendant six mois après que ce nombre a été ainsi réduit, tout individu, actionnaire de cette Compagnie durant le temps qu'elle continue ainsi les affaires après cette période de six mois, sera solidairement responsable du payement de la totalité des dettes de la Compagnie, contractées durant cette période, et pourra être actionné à cet effet, sans la jonction à l'action ou au procès de tout autre actionnaire.

Défense de continuer les affaires quand il y a moins de 7 actionnaires.

40. — La Compagnie sera tenue de faire dûment inscrire les minutes de toutes les résolutions et de toutes les mesures prises par ses assemblées générales, dans des livres qui seront de temps à autre établis à cet effet : ces susdites minutes, signées par les personnes indiquées comme présidant ces assemblées, seront considérées comme des preuves dans toutes les procédures légales, et, jusqu'à preuve contraire, toute assemblée générale, à l'égard des résolutions dont les minutes ont été ainsi dressées, sera considérée comme ayant été dûment tenue et convoquée.

Preuve des résolutions de la Compagnie.

Instruments légaux de la Compagnie.

41. — Les contrats, dans l'intérêt de toute Compagnie enregistrée, conformément au présent acte, pourront être faits de la manière suivante, savoir :

Comment doivent être faits les contrats.

1° Tout contrat, qui, étant fait entre personnes privées, doit, aux termes de la loi, être rédigé par écrit, et si, étant fait conformément à la loi *anglaise*, il doit être revêtu d'un sceau, ce contrat pourra être fait dans l'intérêt de la Compagnie, par écrit, revêtu du sceau commun de cette Compagnie, et ce contrat pourra de la même manière être modifié ou exécuté ;

2° Tout contrat, qui étant fait entre personnes privées, doit, aux termes de la loi, être rédigé par écrit et signé par les parties qui y sont contractantes, peut être fait dans l'intérêt de la Compagnie et signé par toute personne agissant en vertu de l'autorité expresse ou implicite de cette Compagnie, et ce contrat peut de la même manière être modifié ou exécuté;

3° Tout contrat qui, étant fait entre personnes privées, serait, aux termes de la loi, valable, quoique fait par parole seulement et non rédigé par écrit, peut être fait par parole, dans l'intérêt de la Compagnie, par toute personne agissant en vertu de son autorisation expresse ou implicite, et ce contrat pourra, de la même manière, être modifié ou exécuté.

Et tous les contrats faits conformément aux dispositions ci-contenues, seront efficaces en droit et lieront la Compagnie, ses successeurs et toutes les parties y intéressées, ses héritiers, exécuteurs ou administrateurs, suivant les circonstances.

Actes.

Exécution d'actes à l'étranger.

42. — Toute Compagnie, enregistrée conformément au présent acte, peut, par un instrument ou écrit revêtu de son sceau commun, autoriser toute personne, soit généralement, soit pour affaires spécialisées, en qualité de mandataire, à passer des actes dans son intérêt dans tout endroit situé hors du Royaume-Uni : les actes ainsi signés par ce mandataire, dans l'intérêt de la Compagnie, et revêtus de son sceau, lieront cette Compagnie dans la même force que s'ils étaient revêtus du sceau commun de la Compagnie.

Billets à ordre et lettres de change.

43. — Tous billets à ordre ou lettres de change seront considérés comme ayant été faits, acceptés ou endossés dans l'intérêt de la Compagnie, enregistrée conformément au présent acte, s'ils ont été faits, acceptés ou endossés, au nom de la Compagnie, par une personne agissant en vertu de son autorisation expresse ou implicite.

Hypothèque conformément à la loi anglaise.

44. — Dans toute hypothèque, consentie conformément à la loi *anglaise* par une Compagnie enregistrée d'après le présent acte, il sera inséré les conventions suivantes (à moins que cette insertion n'y soit prohibée par des termes exprès), savoir : conventions de la part de la Compagnie de rembourser la somme garantie avec les intérêts à l'époque et au taux qui y sont fixés; convention qu'il est en son pouvoir de convenir ou d'assurer que la propriété déclarée être affectée ou assurée à l'hypothèque est libre de toutes charges; enfin, convention d'assurances ultérieures de cette propriété aux frais de la Compagnie, au profit du preneur d'hypothèque réclamant pour lui ou comme son fidéi-commissaire. Si un pouvoir de vendre y est stipulé, ce pouvoir comprendra l'autorisation de vendre par enchères publiques, ou par acte privé, en totalité ou par parties, de faire rescinder ou modifier les contrats de vente ou de revente, sans être passible d'aucune perte; et aussi l'autorisation de donner des reçus valables du prix de la vente. Cette hypothèque sera dans la forme marquée H aux cédules ci-annexées, ou dans telles autres formes y relatives que les circonstances admettront.

Bons et obligations de garantie suivant la loi d'Ecosse.

45. — Dans tout bon ou obligation de garantie fait conformément à la loi d'*Ecosse*, par une Compagnie enregistrée d'après le présent acte, il sera

stipulé les obligations et conventions suivantes (à moins que cette insertion n'y soit prohibée par des termes exprès), savoir : obligation de la part de la Compagnie de rembourser la somme assurée avec les intérêts à l'époque et au taux qui y sont fixés; convention qu'il est en son pouvoir d'assurer que la propriété à affecter au créancier prêteur est libre de toutes charges; enfin, obligation de faire et exécuter aux dépens de la Compagnie, en faveur du créancier prêteur réclamant pour lui-même ou de toute autre personne réclamant pour lui ou comme son fidéi-commissaire, tout acte ultérieur nécessaire pour donner force et effet à la garantie. S'il y est donné un pouvoir de vendre, ce pouvoir comprendra l'autorisation de vendre par enchères publiques, ou par contrat privé en totalité ou par parties, et de faire rescinder ou modifier les contrats de vente ou revente sans être passible d'aucune perte; et aussi le pouvoir de donner des reçus valables du prix de la vente. Ces bons et obligations de garantie seront faits dans la forme marquée I, dans la cédule ci-annexée, ou s'en rapprochant le plus, suivant que les circonstances le permettront, et seront enregistrés dans le registre général, le registre particulier ou le Burgh-registre des saisines, suivant le cas, et, ainsi enregistrés, ils seront équivalents à tous bons ou obligations de garantie faits dans la forme ordinaire, contenant pouvoir de vendre, comprenant la saisine et dûment inscrits sur le registre des saisines.

Contrats suivant la loi anglaise.

46. — Dans tout contrat ou assurance fait conformément à la loi *anglaise* par une Compagnie enregistrée en vertu du présent acte, il sera inséré (à moins que cette insertion ne soit prohibée par des termes exprès) les conventions suivantes de la part de la Compagnie, savoir :

Convention que, malgré tout acte ou erreur commis par la Compagnie, elle était, au moment de l'exécution de ce contrat ou assurance, en saisine et possession des terres et biens par les présentes engagés ou assurés comme biens inattaquables ou héritages en fief simple, libres de toutes charges provenant de son fait, ou autrement comme biens ou intérêt dont l'assurance y a été exprimée, libres de toutes charges provenant de son fait.

Convention que la personne à laquelle ces terrains ou biens sont affectés et assurés, ses héritiers, successeurs, exécuteurs, administrateurs et autres représentants (suivant le cas), en jouiront paisiblement contre la Compagnie, ses successeurs et toutes autres personnes pouvant réclamer de son chef, et qu'ils seraient indemnisés et sauvegardés par la Compagnie et ses successeurs, de toutes les charges provenant du fait de cette Compagnie.

Convention d'augmenter l'assurance de ces terrains et biens aux dépens de la personne à laquelle ils sont affectés ou assurés, ses héritiers, successeurs, exécuteurs, administrateurs ou autres représentants (suivant le cas), par la Compagnie, ses successeurs, ou toutes autres personnes réclamant pour elle.

Obligation de garantie suivant la loi d'Ecosse.

47. — Dans toute disposition de propriété héritable faite, conformément à la loi d'*Ecosse*, par une Compagnie enregistrée en vertu du présent acte, il sera inséré, à moins que cette insertion n'y soit prohibée en termes exprès, une obligation absolue de garantie, et l'obligation de compléter le titre de la Compagnie, à ses propres dépens, en tant que cela sera nécessaire pour donner validité et plein effet à cette disposition; enfin l'obligation d'octroyer à ses propres dépens tous actes ultérieurs qui pourront être nécessaires pour rendre cette disposition efficace.

Examen des affaires de la Compagnie.

Vérification des affaires de la Compagnie par des inspecteurs nommés par le conseil de commerce.

48. — Sur la demande d'un cinquième en nombre et en sommes des actionnaires de la Compagnie, enregistrée en vertu du présent acte, le conseil de commerce pourra nommer un ou plusieurs inspecteurs compétents pour examiner les affaires de la Compagnie et en faire leur rapport de la manière qui sera ordonnée par ce conseil.

Pouvoir des inspecteurs.

49. — Il sera du devoir de tous les officiers et agents de la Compagnie de produire, à l'examen des inspecteurs, tous les livres et documents en leur garde ou pouvoir; tout inspecteur peut interroger sous serment les officiers et agents de la Compagnie, relativement à ses affaires, et, en conséquence, administrer ce serment; si un officier ou agent refuse de produire ces livres ou documents, ou de répondre aux questions relatives aux affaires de la Compagnie, il encourra une pénalité n'excédant pas cinq livres à l'égard de chaque infraction.

Résultat de la vérification; quelle en est la conséquence.

50. — Lorsque l'examen sera terminé, les inspecteurs rapporteront leur opinion au conseil de commerce. Ce rapport sera écrit ou imprimé, selon que l'ordonnera ce conseil; une copie en sera transmise par lui à l'office enregistré de la Compagnie, et une autre copie sera, à la requête des actionnaires à la demande desquels l'inspection a eu lieu, délivrée à eux ou à l'un ou à plusieurs d'entre eux. Tous les frais résultant de cet examen seront supportés par les actionnaires à la demande desquels les inspecteurs auront été nommés.

Pouvoir de la Compagnie de désigner des inspecteurs.

51. — Toute Compagnie, enregistrée en vertu du présent acte, peut, en assemblée générale, nommer des inspecteurs, à l'effet d'examiner les affaires de la Compagnie : les inspecteurs ainsi nommés auront les mêmes pouvoirs et rempliront les mêmes fonctions que les inspecteurs nommés par le conseil de commerce, avec cette exception qu'au lieu de faire leur rapport à ce conseil, ils feront leur rapport de la manière et aux personnes indiquées par la Compagnie dans son assemblée générale ; les officiers et agents de la Compagnie encourront les mêmes pénalités, en cas de refus de produire tous livres ou documents à ces inspecteurs ou de répondre à leurs questions, qu'ils auraient encourues si ces inspecteurs avaient été nommés par le conseil de commerce.

Le rapport des inspecteurs fait foi.

52. — Toute copie de rapport d'inspecteurs nommés conformément au présent acte, devenue authentique par le sceau de la Compagnie des affaires de laquelle ils ont fait l'inspection, fera preuve dans toute procédure légale.

Notices (1).

Service des notices à la Compagnie.

53. — Toute sommation ou notice à donner à la Compagnie pourra, excepté dans le cas où un mode particulier de service est exigé, être

(1) Voir la note qui s'applique à l'article 28.

servie (1) en la laissant ou l'envoyant par la poste, adressée à la Compagnie à son office enregistré, ou en la remettant à l'un des directeurs, au secrétaire, ou tout autre principal officier de la Compagnie.

54. — Toute notice envoyée par lettre sera remise à la poste au temps voulu pour admettre que la lettre a été délivrée dans le cours précis de la délivrance, se trouvant dans la période (s'il en est une) prescrite pour la remise de cette notice; et pour prouver ce service, il suffira de prouver que cette notice a été convenablement envoyée et qu'elle a été mise à la poste dans le temps susdit. Règles concernant les notices à donner par lettres.

55. — Toute sommation, notice, assignation ou procédure exigeant l'authenticité de la Compagnie, sera signée par tout directeur, secrétaire ou autre officier autorisé de la Compagnie; il ne sera pas nécessaire qu'elle porte le sceau de la Compagnie, et elle sera ou écrite, ou imprimée, ou en partie écrite, ou en partie imprimée. Authenticité des notices de la Compagnie.

Procédures légales.

56. — Toute contravention au présent acte, susceptible de quelque pénalité, sera poursuivie sommairement devant deux ou un plus grand nombre de juges : Recouvrement des pénalités.

En Angleterre, de la manière ordonnée par un acte passé dans la session tenue les 11e et 12e années du règne de S. M. la reine Victoria, chapitre 43 intitulé : « Acte pour faciliter l'accomplissement des fonctions de juges de paix, en dehors des sessions, en Angleterre et dans le pays de Galles, en ce qui concerne les instructions et les ordres sommaires; »

En Écosse, devant deux ou un plus grand nombre de juges, ou le shériff du comté, de la manière ordonnée par un acte passé dans la session du Parlement tenue dans les 7e et 8e années du règne de S. M. la Reine Victoria, chapitre 104, intitulé : « Acte pour améliorer et consolider les actes relatifs aux vaisseaux marchands » en ce qui concerne les contraventions en *Écosse* contre cet acte, lesquelles ne sont considérées, par cet acte, ni félonies, ni crimes;

Et *en Irlande,* de la manière ordonnée par l'acte passé dans la session tenue dans les 14e et 15e années du règne de S. M. la Reine Victoria, chapitre 93, intitulé : « Acte pour consolider et améliorer les actes réglant les procédures des petites sessions et les devoirs des juges de paix en dehors des sessions trimestrielles en Irlande, » ou tout acte passé pour l'amendement des actes ci-dessus mentionnés.

57. — Tous juges ou shériff imposant une pénalité prononcée par le présent acte, pourront ordonner que tout ou partie de cette pénalité soit appliquée au payement des frais de procédure, ou à la récompense de toute personne sur l'information de laquelle ou à la poursuite de laquelle cette pénalité aura été recouvrée, sauf cependant l'ordre que toutes les pénalités Application des pénalités.

(1) Le mot *servir* ou *service* doit s'entendre ici comme notification. (*Note du traducteur.*)

3

seront versées pour le compte de l'Echiquier de sa Majesté et seront portées et feront partie du fonds consolidé du Royaume-Uni.

Modifications des modèles.

Le conseil de commerce peut modifier les modèles de la cédule.

58. — Le conseil de commerce pourra de temps à autre faire des modifications dans les modèles et les tableaux contenus dans la cédule ci-annexée, ainsi qu'il le jugera convenable; il publiera dans la Gazette de Londres les modèles ou tableaux modifiés, et, après cette publication, ils auront la même force que s'ils étaient insérés dans la cédule annexée au présent acte.

TROISIÈME PARTIE.

LIQUIDATION.

PRÉLIMINAIRE.

Application de la troisième partie de la loi.

59. — Les dispositions du présent acte relatives à la liquidation des Compagnies s'appliqueront à toutes les Compagnies enregistrées sous son empire, et à toutes les Compagnies enregistrées sous l'empire de l'acte passé dans la huitième année du règne de sa Majesté actuelle, chapitre 110, intitulé : « Acte pour l'enregistrement, l'incorporation et la régularisation des Compagnies par actions, » à partir de et après la date à laquelle elles auront obtenu l'enregistrement, conformément au présent acte, de la manière qui sera ci-après mentionnée, mais pas à d'autres Compagnies.

Définition des mots « la Cour. »

60. — L'expression « la Cour, » employée dans la troisième partie du présent acte, signifie les autorités suivantes, savoir :

S'il s'agit d'une Compagnie formée pour l'exploitation de mines, se trouvant dans et soumise à la juridiction *des Stannaries*, la Cour du vice-gouverneur *des Stannaries* (1) ;

S'il s'agit d'une Compagnie *limitée*, enregistrée en Angleterre, n'ayant pas pour objet l'exploitation des mines dont il vient d'être parlé, la Cour *des banqueroutes*, ayant juridiction dans le lieu où se trouve l'office enregistré de la Compagnie ;

(1) C'est une sorte de tribunal de prud'hommes, jugeant les contestations entre les ouvriers occupés aux mines d'étain. (*Note du traducteur.*)

S'il s'agit d'une Compagnie *limitée* enregistrée *en Irlande*, dont le capital nominal enregistré n'excède pas cinq mille livres, les Commissaires des banqueroutes *en Irlande;*

Dans tous les autres cas non prévus ici, « la Cour » signifiera, en ce qui concerne les Compagnies enregistrées en Angleterre, la haute Cour de chancellerie *d'Angleterre;* en ce qui concerne les Compagnies enregistrées *en Ecosse*, la Cour de session, dans l'une ou l'autre de ses divisions; enfin, en ce qui concerne les Compagnies enregistrées *en Irlande*, la Cour de chancellerie d'Irlande.

Toute Cour à laquelle juridiction est attribuée par la troisième partie du présent acte, n'étant ni Cour de chancellerie, ni Cour de session, aura, en addition à ses pouvoirs ordinaires, le même pouvoir de faire exécuter les ordres par elle donnés, en vertu du présent acte, que celui qu'ont, *en Angleterre*, la Cour de chancellerie, et *en Irlande*, la Cour de chancellerie, relativement aux matières ressortissant de la juridiction de ces Cours respectives.

Responsabilité des actionnaires actuels à l'égard des dettes.

61. — En cas de liquidation d'une Compagnie par la Cour ou volontairement, les actionnaires actuels seront tenus de contribuer aux ressources de la Compagnie, jusqu'à concurrence du total suffisant pour payer les dettes, ainsi que les frais, charges et dépens de sa liquidation, avec cette modification, que pour les Compagnies *limitées*, nulle contribution ne sera requise de l'actionnaire en excédant du montant non payé, s'il y a lieu, des actions dont il est porteur.

Exception dans les Compagnies *limitées*.

Responsabilité des anciens actionnaires à l'égard des dettes dans une Compagnie autre qu'une compagnie *limitée*.

62. — Dans le cas ou une Compagnie, autre qu'une Compagnie *limitée*, sera liquidée par la Cour ou volontairement, toute personne qui aura cessé d'être actionnaire dans la période des trois années antérieures au commencement de la liquidation sera considérée, sous le rapport de la contribution au payement des dettes de la Compagnie, et des frais, charges et dépenses de sa liquidation, comme un actionnaire actuel, et il aura, sous tous les rapports, les mêmes droits et sera soumis aux mêmes responsabilités envers les créanciers, que s'il n'avait pas cessé d'être actionnaire ; avec cette exception, cependant, qu'il ne sera pas responsable à l'égard des dettes de la Compagnie contractées après l'époque où il a cessé d'être actionnaire.

Responsabilité des anciens actionnaires, à l'égard des dettes, dans une Compagnie limitée.

63. — Dans le cas où une Compagnie « limitée » sera liquidée par la Cour ou volontairement, toute personne qui aura cessé d'être porteur d'une ou de plusieurs actions dans le cours de l'année antérieure au commencement de la liquidation sera considérée, sous le rapport de la contribution au payement des dettes de la Compagnie, et des frais, charges et dépenses de sa liquidation, comme porteur actuel de cette ou de ces actions, et aura sous tous les rapports les mêmes droits et sera soumis aux mêmes responsabilités envers les créanciers que s'il n'avait pas cessé d'être actionnaire (1).

Commencement de la liquidation de toute Compagnie.

64. — Toute liquidation, si elle se fait par la Cour, sera considérée comme commencée au moment de la présentation de la pétition, telle qu'il

(1) Il est bien entendu que cette responsabilité ne s'étend pas au delà de ce qui a été dit à l'article 61, et que la responsabilité relative aux dettes sociales ne peut avoir d'effet que pour le montant des sommes non payées, s'il y a lieu, sur le prix des actions souscrites. (*Note du traducteur.*)

sera prescrit ci-après de la présenter à la Cour; et si la Compagnie est liquidée volontairement, cette liquidation sera considérée comme commencée dès l'instant que sera passée l'autorisation de l'opérer.

Définition du mot « contribuant » et caractère légal de sa responsabilité.

65. — Tout actionnaire actuel ou ancien, auquel il y a autorisation de faire des appels de fonds en vertu de la troisième partie du présent acte, est ci-après nommé « contribuant, » et les représentants d'un contribuant décédé seront responsables dans le cours légal de l'administration, jusqu'à la même concurrence que l'eût été le contribuant, de son vivant, en vertu de la troisième partie du présent acte.

Droits des contribuants entre eux.

66. — Afin d'assurer la responsabilité des actionnaires actuels et anciens entre eux-mêmes, on adoptera la règle suivante, savoir :

1° S'il s'agit d'une Compagnie autre qu'une Compagnie limitée, tout cessionnaire d'actions, dans un degré proportionnel aux actions transférées, indemnisera son cédant contre les dettes actuelles et futures de la Compagnie;

2° S'il s'agit d'une Compagnie « limitée », tout cessionnaire indemnisera son cédant contre les appels faits ou dus par accroissement sur les actions transférées postérieurement au transfert (1).

Liquidation par la Cour.

Circonstances dans lesquelles toute Compagnie peut être liquidée par la Cour.

67. — Toute Compagnie peut être liquidée par la Cour dans les circonstances suivantes, savoir :

1° Lorsque la Compagnie, en assemblée générale, a passé une résolution spéciale requérant la liquidation de la Compagnie par la Cour;

2° Lorsque la Compagnie ne commence pas ses affaires dans l'année de son incorporation, ou lorsqu'elle suspend ses affaires pendant tout le cours d'une année;

3° Lorsque les actionnaires sont réduits à un nombre moindre que sept;

4° Lorsque la Compagnie est hors d'état de payer ses dettes;

5° Lorsque les trois quarts du capital de la Compagnie ont été perdus ou sont devenus sans valeur.

Quand une Compagnie est considérée comme hors d'état de payer ses dettes.

68. — Toute Compagnie sera considérée comme hors d'état de payer ses dettes :

1° Lorsqu'un créancier à qui la Compagnie est débitrice d'une somme excédant 50 livres, alors à lui due, lui a signifié, en la laissant à son office enregistré, une demande signée par lui, requérant la Compagnie de lui payer la somme qu'elle lui doit, et que, dans les trois semaines postérieures à la signification de cette demande, la Compagnie a négligé de payer cette somme, ou de la garantir, ou de faire des offres satisfaisantes pour le créancier;

2° Lorsqu'*en Angleterre et en Irlande*, une exécution poursuivie en vertu

---

(1) Voyez la note sur l'article 63.

d'un jugement, d'un décret ou d'un ordre obtenu dans une Cour au profit d'un créancier, dans un procès ou toute autre procédure légale intentés par ce créancier contre la Compagnie, est retournée non satisfaite en tout ou en partie par le shériff du comté où est situé l'office enregistré de la Compagnie ;

3° Lorsqu'en *Ecosse*, les délais d'une demande en payement résultant d'un extrait de décret, ou d'un extrait de bon enregistré, ou d'un extrait de protêt enregistré, sont expirés sans qu'un payement ait été fait.

La liquidation doit être demandée par pétition.

69. — Toute demande pour la liquidation d'une Compagnie sera faite par pétition, et en même temps que cette pétition sera présentée, il sera déposé ou remis un *affidavit* (1) à son appui. Cette pétition pourra, dans le cas où la Compagnie serait hors d'état de payer ses dettes, être présentée soit par un créancier, soit par un contribuant; mais s'il n'est allégué aucun autre motif pour la liquidation de la Compagnie, le contribuant seul a droit de présenter la pétition.

Mesures que doit prendre la Cour sur la pétition d'un créancier.

70. — Après le développement de toute pétition présentée par un créancier, la Cour peut rejeter cette pétition, avec ou sans frais à payer par le pétitionnaire; elle peut aussi rendre un ordre ou prononcer un interlocutoire, ordonnant à la Compagnie, au jour fixé dans l'ordre ou l'interlocutoire, de payer ou garantir le payement au créancier de toutes les sommes qu'elle est reconnue lui devoir, ensemble avec les frais que la Cour déterminera; la Cour, si elle le juge à propos après le développement de cette pétition, rendra un ordre ou un décret pour la liquidation de la Compagnie comme première mesure, ou tout autre ordre qu'elle trouvera juste.

Ordre de liquider une Compagnie sur la pétition d'un créancier.

71 — Si, à l'expiration du délai fixé dans cet ordre ou cet interlocutoire, le payement n'est pas parfait ou la garantie n'est pas donnée, la Cour peut, en conséquence, rendre un ordre ou un décret pour la liquidation de la Compagnie.

Mesures à prendre par la Cour sur la pétition d'un contribuant.

72. — Après le développement d'une pétition présentée par un contribuant, la Cour peut rejeter cette pétition avec ou sans frais à payer par le pétitionnaire ; elle peut aussi rendre un ordre ou décret ordonnant la liquidation de la Compagnie, enfin tel autre ordre ou décret qu'elle jugera juste.

Effet de l'ordre de liquider une Compagnie.

73. — A dater de cet ordre ou décret pour la liquidation de la Compagnie, tous procès et actions contre la Compagnie seront suspendus, si la Cour l'ordonne ainsi. Les directeurs ou tous autres officiers de la Compagnie ne pourront, sans la sanction de la Cour, disposer d'aucun des biens, effets ou choses en action de la Compagnie; aucun transfert d'actions ne sera valide sans la sanction de la Cour; une copie de cet ordre ou décret sera immédiatement transmise par la Compagnie à l'enregistreur des Compagnies par actions, qui en fera une minute à placer dans ses livres relativement à la Compagnie.

Pouvoir de la Cour de chancellerie de ren-

74. — Dans les cas où les Cours de chancellerie, en *Angleterre* ou en

(1) Acte d'affirmation. (*Note du traducteur.*)

voyer la liquidation à la Cour des banqueroutes.

Irlande, rendraient un ordre pour la liquidation d'une Compagnie, elles pourront, si elles le jugent à propos, ordonner que toutes les procédures ou les procédures ultérieures pour sa liquidation seront faites par la Cour des banqueroutes, ayant juridiction dans le lieu où se trouve l'office enregistré de la Compagnie ; ou si la Compagnie est formée dans le but d'exploiter des mines se trouvant soumises à la juridiction des *Stannaries*, à la Cour du vice-gouverneur des *Stannaries*, et sur cet ordre ainsi rendu, la Cour, ainsi déléguée, aura la même juridiction et exercera les mêmes pouvoirs, relativement à la liquidation de cette Compagnie, qu'elle aurait eus et exercés dans les espèces déclarées par le présent acte appartenir à sa juridiction.

Réunion et emploi de l'actif.

75. — Aussitôt que faire se pourra, après la reddition de l'ordre ou décret pour la liquidation de la Compagnie, la Cour ordonnera que l'actif de cette Compagnie soit recueilli et appliqué au payement de ses dettes dans le cours légal de son administration.

Préférence frauduleuse.

76. — Tout contrat, hypothèque, délivrance de marchandise, payement, exécution, ou autre acte touchant à la propriété, qui, s'il était fait ou consenti par ou contre un particulier commerçant, serait considéré, en cas de banqueroute, comme fait ou consenti par voie de préférence indue ou frauduleuse de quelque créancier de ce commerçant, sera, s'il est fait ou consenti par ou contre une Compagnie enregistrée conformément au présent acte, considéré, dans le cas d'un ordre rendu pour la liquidation de cette Société, comme ayant été fait ou consenti par voie de préférence indue ou frauduleuse de ce créancier de la Compagnie, et, en conséquence, il sera nul. Et pour satisfaire au présent article, la présentation de toute pétition pour la liquidation d'une Compagnie sera considérée comme correspondant avec le dépôt de toute pétition demandant la mise en banqueroute, lorsqu'il s'agit d'un individu commerçant; et tout contrat ou transport fait par une Compagnie enregistrée en vertu du présent acte, de tout son actif et ses biens à un fidéi-commissaire au profit de tous ses créanciers, sera frappé d'une nullité absolue.

Pouvoir de la Cour de mander les personnes suspectes d'avoir des biens de la Compagnie.

77. — La Cour peut, après avoir rendu un ordre ou un décret pour la liquidation, mander devant elle toute personne connue comme agent, ou suspecte d'avoir en sa possession des biens ou effets de la Compagnie, ou supposée être sa débitrice, comme aussi toute personne que la Cour croit en état de donner des renseignements concernant le commerce, le négoce, les biens ou effets de cette Compagnie. La Cour peut encore requérir toute personne de produire des livres, papiers, actes, écrits ou autres documents à sa garde ou disposition, lesquels peuvent paraître à la Cour susceptibles de faire entièrement découvrir quelques-unes des circonstances dont l'information paraîtra nécessaire à la Cour pour arriver à la liquidation de la Compagnie ; et si une personne ainsi mandée refuse de se présenter à la Cour au moment fixé, sans prouver un empêchement légal (annoncé à la Cour au moment de sa séance et admis par elle), la Cour peut, par un mandat, autoriser et ordonner aux personnes y dénommées à cet effet d'appréhender ce récalcitrant et de l'amener devant elle pour y être examiné.

Examen des parties par la Cour.

78. — La Cour peut examiner sous serment, soit de vive voix, soit sur interrogatoires écrits, toute personne comparaissant ou amenée devant elle, comme il vient d'être dit, concernant le commerce, le trafic, les biens ou

effets de la Compagnie ; elle peut aussi rédiger par écrit les réponses de ces personnes, et les requérir de les souscrire et signer.

Pénalité en cas de falsification des livres.

79. — Tout directeur, officier ou contribuant d'une Compagnie pour la liquidation de laquelle un ordre ou décret a été rendu en vertu du présent acte, qui détruira, mutilera, altérera ou falsifiera des livres, papiers, écrits, nantissements, qui fera ou se prêtera à faire des inscriptions fausses ou frauduleuses sur les registres, livres de comptes ou autres documents appartenant à la Compagnie, dans l'intention de frauder les créanciers ou contribuants de cette Compagnie, ou quelques-uns d'eux, toute personne fraudant ainsi sera considérée comme coupable d'un délit, et, après en avoir été convaincue, sera passible d'un emprisonnement de deux années au plus avec ou sans travail forcé.

Nullité des saisies, séquestre et exécution opérés dans les trois mois de la pétition.

80. — Si une saisie, un séquestre ou une exécution sont poursuivis contre une Compagnie, en vertu desquels les biens et effets de cette Compagnie ou quelques-uns d'iceux peuvent être saisis, séquestrés ou exécutés à toute époque dans les trois mois avant le dépôt ou la présentation de la pétition pour la liquidation de cette Compagnie, ces saisies, séquestre ou exécution seront nuls par rapport aux liquidateurs de la Compagnie, aussi bien que contre le créancier saisissant, séquestrant ou exécutant, soit qu'ils aient été ou non complétement exécutés, sauf que ce créancier, si la saisie, le séquestre ou l'exécution n'eussent été valables que pour cette disposition, aura droit de retenir sur les sommes déjà réalisées ses frais de procédure et de saisie, séquestre ou exécution, ou de poursuivre la saisie, le séquestre ou l'exécution afin de pouvoir réaliser ces frais ; mais en payant ces frais ou en offrant le montant par les liquidateurs au créancier, il sera loisible à ceux-ci de retirer des mains de ce créancier les biens ainsi saisis, séquestrés et exécutés, les produits de ces biens ou le surplus s'il y en a, suivant les circonstances.

Les livres de la Compagnie font foi

81. — Tous livres, comptes et documents de la Compagnie et des liquidateurs ci-après mentionnés formeront, entre les contribuants de la Compagnie, preuve *primâ facie* de la vérité de toutes les matières qui y sont contenues, et qui doivent y être portées.

Pouvoir de la Cour de faire des appels de fonds.

82. — La Cour peut à toute époque, après la reddition de l'ordre ou du décret pour la liquidation d'une Compagnie, et avant de s'être assurée de la suffisance de l'actif ou des dettes, à l'égard desquelles les différentes classes de contribuants sont responsables, faire des appels de fonds à tous ou à quelques contribuants, jusqu'à concurrence de leur responsabilité, pour le payement de toutes ou certaines sommes qu'elle pense être nécessaires à satisfaire les dettes de la Compagnie et les frais de sa liquidation ; elle peut, en faisant cet appel, prendre en considération la probabilité que quelques-uns des contribuants auxquels cet appel est fait pourront, en tout ou en partie, manquer de payer leurs parts respectives.

Remise des fonds à la banque.

83. — Toutes sommes reçues en vertu des ordres de la Cour, provenant de la vente ou de la mutation de l'actif de la Compagnie ou concernant les appels faits aux contribuants, ou de toute autre cause, à l'exception de la balance, s'il en existe une, que les liquidateurs officiels, avec la sanction de la Cour, peuvent conserver en leurs mains pour payer les dépenses cou-

rantes, seront, *en Angleterre*, versées à la banque *d'Angleterre* ou à l'une de ses branches; en *Irlande*, à la banque *d'Irlande* ou à l'une de ses branches, et *en Ecosse* à l'une des banques incorporées ou privilégiées *d'Ecosse*, au crédit de tel compte que la Cour pourra ordonner; et nulle somme portée sur ce compte ne sera payée par ces banques que sur des chèques signés de la manière indiquée par la Cour.

Pouvoir de la Cour de faire des injonctions ou des défenses.

84. — La Cour peut à toute époque, après la présentation de la pétition pour la liquidation d'une Compagnie, et soit avant, soit après la reddition de l'ordre pour sa liquidation, sur la requête présentée par un créancier ou un contribuant de cette Compagnie, suspendre toutes procédures ultérieures dans toute action ou procès contre la Compagnie, ou nommer un receveur des biens et effets de la Compagnie; elle peut aussi, par notice ou avertissement, requérir tous créanciers de présenter et prouver leurs créances dans un délai fixé, à peine d'être forclos du bénéfice des distributions qui pourraient être faites avant que ces créances ne fussent prouvées.

Pouvoir de la Cour de suspendre toutes procédures.

85. — La Cour peut à toute époque, après la reddition d'un ordre ou décret pour la liquidation d'une Compagnie, sur la requête présentée par tout créancier ou contribuant de la Compagnie, ou sur toute preuve que la Cour trouvera suffisante, qu'il y a nécessité d'arrêter les procédures relatives à la liquidation, ordonner que ces procédures soient arrêtées tout à fait ou pour un temps limité, ou dans des termes et à des conditions qu'elle déterminera.

Pouvoir de la Cour de régler les droits des contribuants.

86. — Aussitôt que les créanciers seront satisfaits, la Cour s'occupera de régler les droits des contribuants entre eux-mêmes et de distribuer le surplus qui pourra rester entre les parties qui y auront droit; et pour opérer ce règlement, elle peut faire des appels de fonds aux contribuants jusqu'à concurrence de leur responsabilité, pour le payement des sommes qu'elle croira nécessaire; elle peut, en faisant ces appels, prendre en considération la probabilité que quelques-uns des contribuants auxquels ils seront faits pourront, en tout ou en partie, manquer de payer leurs parts respectives.

Pouvoirs de la Cour quant aux frais.

87. — La Cour pourra faire tel ordre qu'elle jugera convenable, quant à la priorité et au payement, sur l'actif de la Compagnie, des frais, charges et dépenses encourus pour la liquidation de cette Compagnie.

Liquidateurs officiels.

Nomination de liquidateurs officiels.

88. — Afin de conduire les procédures dans la liquidation de toute Compagnie, et d'assister la Cour dans cette opération, il sera nommé une ou plusieurs personnes qui seront appelées liquidateur officiel ou liquidateurs officiels, et cette nomination se fera de la manière suivante, savoir :

Dans les affaires appartenant à la juridiction de la Cour de chancellerie en *Angleterre* ou en *Irlande*, ou à la Cour de session en *Ecosse*, ou à la cour *des Stannaries*, la Cour ayant juridiction peut, caution légale préalablement exigée, nommer toute personne, soit provisoirement ou tout autrement, ainsi qu'elle le jugera convenable, aux fonctions de liquidateurs officiels;

elle peut, de temps à autre, renvoyer toute personne ainsi nommée et pourvoir à la place restée vacante par ce renvoi, ou par la mort ou résignation du ou des titulaires : si une seule personne est nommée, elle aura tous les pouvoirs accordés ici à plusieurs liquidateurs; si plusieurs personnes sont nommées, la Cour déclarera si les actes que, par les présentes, les liquidateurs officiels sont requis ou autorisés à faire, peuvent être faits par toutes, une seule ou plusieurs de ces personnes.

Dans les affaires appartenant à la juridiction des Cours de banqueroute, le syndic officiel à nommer par la Cour sera le liquidateur officiel; mais dans le cas où la liquidation a lieu sur les poursuites d'un créancier, la majorité en somme des créanciers, réunis dans une assemblée convoquée à cet effet, et dans les cas où la liquidation a lieu sur les poursuites d'un contribuant, la majorité en somme des contribuants assemblés dans une réunion convoquée à cet effet, aura le droit de nommer un liquidateur officiel pour agir concurremment avec le liquidateur officiel nommé par la Cour.

Titre et fonctions des liquidateurs officiels.

89. — Le ou les liquidateurs officiels seront désignés sous le titre de liquidateur ou liquidateurs officiels de la Compagnie particulière à cause de laquelle il est ou ils sont nommés, mais pas par leur nom ou leurs noms individuels; il prendra ou ils prendront à sa ou à leur garde, tous les biens, effets et choses en actions de la Compagnie, et rempliront à l'égard de la liquidation de la Compagnie telles fonctions que la Cour leur imposera.

Pouvoirs des liquidateurs officiels.

90. — Les liquidateurs officiels auront, avec la sanction de la Cour, le pouvoir de faire les choses suivantes :

De porter ou de défendre à toute action, procès, poursuite ou autre procédure légale, au civil ou au criminel, au nom et dans l'intérêt de la Compagnie;

De conduire les affaires de la Compagnie, en tant qu'il sera nécessaire pour rendre sa liquidation profitable;

De vendre les biens réels, personnels, immobiliers et mobiliers, les effets et choses en actions de la Compagnie, aux enchères publiques ou par contrat privé, avec faculté, s'ils le jugent à propos, d'en transférer la totalité à quelque personne ou Compagnie, ou de les vendre par parties;

De faire, au nom et dans l'intérêt de la Compagnie, tous actes, reçus et autres documents jugés nécessaires, et, à cet effet, de se servir au besoin du sceau de la Compagnie;

De soumettre les contestations à un arbitrage, et de compromettre sur les dettes et réclamations;

De prouver, réclamer, régler et retirer tout dividende dans les affaires de banqueroute, d'insolvabilité ou de séquestre de tout contribuant, pour la balance contre l'actif de ce contribuant; de toucher et recevoir tous dividendes relativement à cette balance, dans le cas de banqueroute, insolvabilité ou séquestre, comme une dette séparée due par le banqueroutier ou l'insolvable, et proportionnellement avec les autres créanciers;

De tirer, accepter, faire et endosser toute lettre de change, tout billet à ordre, comme aussi de se procurer, en donnant pour garantie les biens de la Compagnie, de temps à autre, toute somme nécessaire : et ces lettres de change ou billets à ordre ainsi tirés, acceptés, faits ou endossés dans l'intérêt de la Compagnie, auront le même effet, à l'égard de la responsabilité de cette Compagnie, que s'ils avaient été tirés, acceptés, faits ou endossés par cette Compagnie durant le temps où elle dirigeait ses affaires elle-même;

De faire et exécuter toutes les autres choses nécessaires pour la liquidation des affaires de la Compagnie et la distribution de son actif.

Nomination du solliciteur des liquidateurs officiels.

91. — Les liquidateurs officiels pourront, avec l'approbation de la Cour, nommer un solliciteur ou tout autre agent légal, et les clercs ou officiers nécessaires pour les assister dans l'exécution de leurs fonctions. Il sera payé à ces solliciteur, agent légal, clercs et employés, telle rémunération à titre d'honoraires ou à tout autre titre qu'il sera alloué par la Cour.

Honoraires des liquidateurs officiels.

92. — Il sera payé aux liquidateurs officiels tels honoraires ou rémunération, par voie de percentage ou par toute autre voie, que la Cour ordonnera.

Dissolution de la Compagnie.

93. — Lorsque les affaires de la Compagnie auront été complétement liquidées, la Cour rendra un ordre ou décret déclarant que la Compagnie sera dissoute à partir de la date de cet ordre ou décret, et en conséquence cette Compagnie sera dissoute.

L'enregistreur doit dresser une minute de la dissolution de la Compagnie.

94. — Tout ordre ou décret ainsi rendu sera transmis par les liquidateurs officiels à l'enregistreur des Compagnies par actions, qui, en conséquence, en dressera une minute dans ses livres de dissolution de ces Compagnies.

Pouvoir du lord chancelier de la Grande-Bretagne de faire des règlements.

95. — *En Angleterre*, le lord chancelier *de la Grande-Bretagne*, avec l'avis et le consentement du maître des rôles et l'un des vice-chanceliers titulaires, ou avec l'avis et le consentement de deux vice-chanceliers, pourra, aussi souvent que les circonstances l'exigeront, faire tel règlement concernant le mode de procédure à suivre pour la liquidation d'une Compagnie par la Cour de chancellerie, qu'il sera de temps à autre jugé nécessaire; mais jusqu'à ce que ce règlement soit fait, la pratique générale de la Cour de chancellerie, y compris la pratique en usage jusqu'ici pour la liquidation des Compagnies, sera, en tant qu'elle puisse être appliquée et qu'elle ne soit pas incompatible avec le présent acte, suivie dans toutes les procédures pour la liquidation d'une Compagnie, et les liquidateurs officiels seront considérés comme remplissant, sous tous les rapports, les fonctions d'un directeur officiel.

Pouvoir du lord chancelier en Irlande de faire des règlements.

96. — *En Irlande*, le lord chancelier *d'Irlande* pourra, en ce qui concerne la liquidation des Compagnies *en Irlande*, avec l'avis et le consentement du maître des rôles *en Irlande*, exercer le même pouvoir de faire un règlement que celui accordé ci-dessus par le présent acte au lord chancelier *de la Grande-Bretagne;* mais jusqu'à ce que ce règlement soit fait, la pratique générale de la Cour de chancellerie *en Irlande*, y compris la pratique jusqu'ici en usage pour la liquidation des Compagnies, sera, en tant qu'elle puisse être appliquée et qu'elle ne soit pas incompatible avec le présent acte, suivie dans toutes les procédures pour la liquidation d'une Compagnie, et les liquidateurs officiels seront, sous tous les rapports, considérés comme remplissant les fonctions d'un directeur officiel.

Pouvoir de la Cour de session en Ecosse de faire des règlements.

97. — *En Ecosse*, la Cour de session pourra, par acte de *sederunt*, exercer les mêmes pouvoirs de faire un règlement à suivre que ceux qui viennent d'être donnés au lord chancelier *de la Grande-Bretagne*, en ce qui concerne *l'Angleterre;* mais, jusqu'à ce que ce règlement soit fait, la pra-

tique générale de la Cour de session, dans les procès portés devant cette Cour, sera, en tant qu'elle puisse être appliquée et qu'elle ne soit pas incompatible avec le présent acte, suivie dans toutes les procédures pour la liquidation d'une Compagnie, et les liquidateurs officiels seront, sous tous les rapports, considérés comme porteurs des mêmes pouvoirs qu'un syndic dans les affaires de banqueroute.

Pouvoir du vice-gouverneur des stannaries de faire des règlements.

98. — Le vice-gouverneur des stannaries pourra, de temps à autre, avec l'approbation du lord chancelier *de la Grande-Bretagne*, faire tel règlement général qu'il sera nécessaire ou expédient, afin de mettre à exécution les pouvoirs conférés par le présent acte à la Cour dudit vice-gouverneur ; mais sauf ce règlement, la pratique générale de ladite Cour, dans les cas ressortissant de sa juridiction, sera, en tant qu'elle puisse être applicable et qu'elle ne soit pas incompatible avec le présent acte, suivie dans toutes les procédures faites sous l'empire dudit présent acte, et tout ordre fait par le vice-gouverneur des stannaries pourra avoir la même force et de la même manière qu'en sont revêtus les ordres faits dans les procès portés devant la juridiction ordinaire de cette Cour; et afin de constituer juridiction, toute Compagnie enregistrée en vertu du présent acte, engagée dans l'exploitation de quelque mine soumise et appartenant à la juridiction des stannaries, sera considérée comme résidant dans les stannaries et dans l'endroit où est située la mine. Le vice-gouverneur sera compétent, dans tout procès intenté contre tout actionnaire ou contribuant d'une Compagnie ainsi enregistrée, pour autoriser le service de l'assignation à cet actionnaire ou contribuant, dans une partie quelconque *de l'Angleterre* ou *du pays de Galles ;* toutefois, il sera loisible au lord gouverneur de renvoyer en même temps toute cause ou procès porté devant lui, sur appel contre un décret ou un ordre de la Cour, fait conformément au pouvoir qui lui est conféré par le présent acte pour la liquidation d'une Compagnie, devant la Cour d'appel en chancellerie, laquelle aura à cet égard le pouvoir de recevoir et décider cet appel, et de rendre en conséquence tel ordre ou tels ordres qu'elle jugera convenables.

Cour des stannaries.

Service des procédures.

Pouvoir des commissaires des banqueroutes de faire des règlements.

99. — Les deux commissaires de la Cour des banqueroutes nommés par le lord chancelier *de la Grande-Bretagne*, peuvent, en ce qui concerne la Cour des banqueroutes *en Angleterre*, et les commissaires des banqueroutes *en Irlande*, ou en ce qui concerne la Cour des banqueroutes *en Irlande*, faire de temps à autre, mais avec l'approbation des lords chanceliers *de la Grande-Bretagne* et *d'Irlande*, les règlements qu'ils jugeront respectivement convenables afin de fixer les procédures à suivre dans ces Cours pour la liquidation des Compagnies; mais, sauf ces règlements, la pratique générale de ces Cours de banqueroute *en Angleterre et en Irlande* respectivement, dans les affaires appartenant à la juridiction ordinaire de ces Cours, en tant qu'elle puisse être applicable et qu'elle ne soit pas incompatible avec le présent acte, sera suivie dans toutes les procédures faites sous son empire; et tout ordre rendu par tout commissaire de banqueroute, dans ces procédures, sera mis à exécution de la même manière que le sont les ordres rendus dans les procès ressortissant de la juridiction ordinaire de ces Cours.

Règlements relatifs aux honoraires.

100. — Le lord chancelier de la Grande-Bretagne, en ce qui concerne les Cours de chancellerie et de banqueroute *en Angleterre*, le lord chancelier de l'Irlande, en ce qui concerne les Cours de chancellerie et de banqueroute *en Irlande*, la cour de session *en Ecosse* par acte de *sederunt*, en ce qui concerne les procédures dans cette Cour, pourront faire des règlements

fixant les droits à payer à l'égard des procédures à suivre en vertu de la troisième partie du présent acte, pour la liquidation d'une Compagnie devant ces Cours respectives; et les droits à payer ainsi, dans les Cours de chancellerie et de banqueroute, seront appliqués de la même manière que le sont les droits accordés dans ces Cours dans les affaires ordinaires; quant aux droits à payer en pareilles procédures dans la Cour du vice-gouverneur des stannaries, il sera loisible à ce vice-gouverneur d'autoriser qu'il soit pris des droits n'excédant, ni en nombre, ni en montant, les droits autorisés de temps à autre par le lord chancelier *de la Grande-Bretagne* dans les Cours de banqueroute; et le Conseil du Prince de Galles, ou les commissaires spéciaux ayant l'administration des affaires du Duché de Cornouaille, selon les circonstances, pourront ordonner de quelle manière les sommes provenant de ces droits seront appliquées, pour payer les dépenses annuelles de la Cour des stannaries, ou le payement ou l'augmentation des salaires officiels actuels.

Commissaires spéciaux pour recevoir les preuves.

101. — Les commissaires de district de la Cour des banqueroutes et les juges des Cours de comté en *Angleterre*, qui siégent dans des lieux éloignés de plus de vingt milles de la direction générale des postes, les commissaires des banqueroutes, les avocats assistants et les recorders, *en Irlande*, les shériffs de comtés, *en Écosse*, seront les commissaires aptes à recevoir les preuves, en vertu de la troisième partie du présent acte, dans les cas où une Compagnie est liquidée par les cours de chancellerie *en Angleterre* ou *en Irlande*, ou par la Cour de session *en Écosse;* il sera loisible à ces cours de référer tout ou partie de l'examen des témoins, en vertu de cette troisième partie dudit acte, à ces commissaires, quoique ceux-ci se trouvent hors de la juridiction des Cours par lesquelles a été rendu l'ordre ou le décret de la liquidation de la Compagnie. Tout commissaire, outre le pouvoir de mander et amener des témoins, de requérir la production ou la délivrance de documents, de certifier ou punir des faits défendus par témoins, pouvoirs qu'il pourrait légalement exercer comme commissaire de district de la Cour des banqueroutes, comme juge d'une Cour de comté, comme commissaire de banqueroute, comme avocat assistant ou recorder, enfin comme shériff d'un comté, aura aussi, dans les matières à lui référées, les mêmes pouvoirs de mander et examiner des témoins, de requérir la production ou la délivrance de documents, de punir les faits défendus à l'aide de témoins et d'allouer les frais, charges et dépenses aux témoins, que ceux qu'aurait la Cour qui a rendu l'ordre de liquider la Compagnie. L'examen ainsi fait sera retourné et rapporté à la Cour susmentionnée de la manière qu'elle l'aura prescrit.

Liquidation volontaire de toute Compagnie.

Circonstances dans lesquelles toute compagnie peut être liquidée volontairement.

102. — Toute Compagnie peut être liquidée volontairement :

1° Lorsque l'époque fixée, s'il y en a une, pour la durée de la Compagnie, par les articles d'association, est expirée, ou lorsqu'est arrivé l'événement, si cela est, dont l'accomplissement, prévu pas les articles d'association, doit entraîner la dissolution de la Compagnie;

2° Lorsque la Compagnie, dans une assemblée générale, a passé une résolution spéciale, requérant que la Compagnie soit liquidée volontairement.

Lorsqu'une Compagnie est liquidée volontairement, elle doit, à partir de la date du commencement de sa liquidation, cesser de traiter toutes affaires, excepté celles requises dans l'intérêt de la liquidation ; toutefois, sa position et ses pouvoirs comme corporation, malgré toute disposition à ce contraires dans ses articles d'association, devront continuer jusqu'à ce que ses affaires soient liquidées.

103. — Notice de toute résolution spéciale de liquider volontairement une Compagnie, sera donnée, en ce qui concerne les Compagnies enregistrées *en Angleterre*, dans la *Gazette de Londres ;* en ce qui concerne les Compagnies enregistrées en Ecosse, dans la *Gazette d'Edimbourg ;* et en ce qui concerne les Compagnies enregistrées *en Irlande*, dans la *Gazette de Dublin*. Notice de la résolution d'une liquidation volontaire.

104. — Sont attachées à toute liquidation volontaire d'une Compagnie les conséquences suivantes : Conséquences de la liquidation volontaire.

1° Les biens de la Compagnie seront employés à satisfaire ses dettes, et ceci fait, à moins qu'il n'en ait été autrement ordonné par les articles d'association, le reste sera distribué aux actionnaires, proportionnellement à leurs actions ;

2° Des liquidateurs seront nommés à l'effet de liquider la Compagnie et de distribuer son actif ;

3° La Compagnie peut, en assemblée générale, nommer telles personnes qu'elle jugera à propos en qualité de liquidateurs, et elle fixera les honoraires à leur payer ;

4° Si une seule personne est nommée, toutes les dispositions renfermées ici, relativement à plusieurs liquidateurs, lui seront applicables ;

5° Lorsqu'il sera nommé plusieurs liquidateurs, tous les pouvoirs, concédés par les présentes, seront exercés par deux d'entre eux ;

6° Les liquidateurs pourront, à toute époque après la passation de la résolution de liquider la Compagnie, et avant de s'être assurés de la suffisance de l'actif de la Compagnie, ou du passif à l'égard duquel sont responsables les différentes classes de contribuants, faire appel à tous ou quelques uns des contribuants jusqu'à concurence de leur responsabilité, de payer toutes ou les sommes qu'ils jugeront nécessaires pour faire face aux dettes de la Compagnie et aux frais de sa liquidation ; et en faisant cet appel, ils pourront prendre en considération la probabilité que quelques-uns des contribuants, auxquels cet appel sera fait, pourront, en tout ou en partie, manquer d'en payer leurs parts respectives ;

7° Les liquidateurs auront tous les pouvoirs dont ont été ci-devant investis les liquidateurs officiels, et ils les exerceront sans l'intervention de la Cour ;

8° Tous les livres, papiers et documents dans les mains des liquidateurs seront, à des moments raisonnables, ouverts à l'inspection des actionnaires ;

9° Lorsque les créanciers auront été satisfaits, les liquidateurs s'occuperont de fixer les droits des contribuants entre eux-mêmes ; et pour opérer cette fixation, ils pourront faire des appels à ces contribuants, jusqu'à concurrence de leurs obligations, pour les sommes qu'ils pourront croire nécessaires ; et, en faisant ces appels, ils pourront prendre en considération la probabilité que quelques-uns des contribuants, auxquels ces appels sont faits, pourront, en tout ou en partie, manquer d'en payer leurs parts respectives ;

10° Aussitôt que les affaires de la Compagnie seront totalement liquidées, les liquidateurs dresseront un compte montrant la manière dont la liquidation a été conduite, et dont ont été employés les biens de la Compagnie ; ce compte, avec les pièces à l'appui, sera remis à la ou aux personnes désignées par la Compagnie pour les examiner. Lorsque cet examen aura été fait, les liquidateurs procéderont à réunir une assemblée générale des actionnaires, à l'effet de leur soumettre ce compte; mais cette assemblée ne sera considérée comme légalement tenue, qu'autant qu'une notice désignant le temps, le lieu et l'objet de cette assemblée aura été publiée, un mois à l'avance, en ce qui concerne les Compagnies enregistrées *en Angleterre, dans la Gazette de Londres*, en ce qui concerne les Compagnies enregistrées *en Écosse, dans la Gazette d'Edimbourg*, et en ce qui concerne les Compagnies enregistrées *en Irlande, dans la Gazette de Dublin;*

11° Cette assemblée ne s'occupera d'aucune autre affaire que de l'examen du compte; mais l'assemblée pourra procéder à cet examen, encore bien que le *quorum* (1) requis par les statuts de la Compagnie, pour être présent à une assemblée générale, ne se trouve pas à celle-ci; et si, après l'examen, l'assemblée est d'opinion que les affaires de la Compagnie ont été convenablement liquidées, elle passera une résolution à cet effet, en conséquence de quoi les liquidateurs feront publier une notice de cette résolution, en ce qui concerne les Compagnies enregistrées *en Angleterre, dans la Gazette de Loudres*, en ce qui concerne les Compagnies enregistrées *en Écosse, dans la Gazette d'Edimbourg*, enfin, en ce qui concerne les Compagnies enregistrées *en Irlande, dans la Gazette de Dublin.* Ils adresseront aussi, à l'enregistreur des Compagnies par actions, une copie de cette résolution, et, un mois après la date de l'enregistrement de cette copie, la Compagnie sera considérée comme étant dissoute;

12° Si, dans l'année, après la passation d'une résolution pour la liquidation des affaires de la Compagnie, ces affaires n'ont pas été liquidées, les liquidateurs, immédiatement après son expiration, dresseront un compte établissant l'état des affaires et le progrès de sa liquidation, à partir de cette date, ils y ajouteront un rapport donnant les raisons pour lesquelles la liquidation n'a pas été complétée, et il sera convoqué une assemblée générale pour en délibérer. Il en sera ainsi d'année en année, jusqu'à ce que les affaires de la Compagnie soient entièrement réglées.

Tous les frais, charges et dépenses dûment faits dans toute liquidation volontaire d'une Compagnie, y compris les honoraires des liquidateurs, seront payés sur l'actif de la Compagnie, avec priorité sur toutes autres réclamations.

Tous droits des créanciers réservés.

105. — La liquidation volontaire d'une Compagnie ne préjudiciera en rien au droit de tout créancier de cette Compagnie de former des poursuites à l'effet d'obtenir cette liquidation par la Cour.

QUATRIÈME PARTIE.

OFFICE D'ENREGISTREMENT.

Établissement de l'office d'enregistrement.

106. — L'enregistrement des Compagnies sera fait comme il suit, savoir :

1° Le conseil de commerce pourra, de temps à autre, nommer tels en-

(1) Nombre des membres nécessaire. (*Note du traducteur.*)

registreurs, assistants-enregistreurs, employés et servants, qu'il jugera nécessaires pour l'enregistrement des Compagnies, en vertu du présent acte. Il pourra également les renvoyer à son gré ;

2° Le conseil de commerce fera tels règlements qu'il jugera à propos à l'égard des fonctions à remplir par ces enregistreurs, assistants-enregistreurs, employés et servants ;

3° Le conseil de commerce pourra, de temps à autre, déterminer le lieu ou les lieux où ces offices d'enregistrement pourront être établis, pourvu qu'il y ait continuellement en permanence, dans chacune des trois parties du Royaume-Uni, au moins un de ces offices, et que nulle Compagnie ne soit enregistrée qu'à l'office de cette partie du Royaume-Uni, dans laquelle, par le *memorandum* d'association, l'office enregistré de la Compagnie est déclaré être établi ;

4° Le conseil de commerce peut, de temps à autre, ordonner qu'un sceau ou des sceaux soient préparés pour donner l'authenticité aux documents requis pour l'enregistrement des Compagnies ou ceux qui y seront connexes ;

5° Toute personne peut compulser les documents tenus par l'enregistreur des Compagnies par actions, et il sera payé pour cet examen les droits qui seront fixés par le conseil de commerce, d'un shilling au plus pour chaque recherche ; toute personne peut aussi demander une copie ou un extrait de ces documents ou d'une partie d'iceux, qui seront certifiés par l'enregistreur ; il sera payé, pour cette copie ou cet extrait certifiés, les droits que le conseil de commerce fixera et qui seront de six pence au plus pour chaque folio de ces extraits ou copie, ou, *en Ecosse*, pour chaque feuille de deux cents mots. Cette copie certifiée fera preuve, *primâ facie*, des dispositions y contenues, dans toutes les procédures légales quelconques ;

6° Les enregistreurs, assistants-enregistreurs, clercs, employés et servants actuels, dans l'office d'enregistrement des Compagnies par actions, conserveront, au gré du conseil de commerce, leurs emplois, et recevront les salaires à eux accordés et par eux reçus jusqu'ici ; dans l'exécution de leurs fonctions, ils se conformeront au règlement qui pourra être établi par le conseil de commerce ;

7° Il sera payé à tout enregistreur, assistant-enregistreur, clerc ou servant, qui sera dorénavant employé dans l'enregistrement des Compagnies par actions, les salaires qui seront fixés par le conseil de commerce avec la sanction des commissaires du Trésor ;

8° Quand il est ordonné ici qu'un acte soit fait à ou par l'enregistreur des Compagnies par actions, cet acte sera fait, jusqu'à ce qu'il en soit autrement décidé par le conseil de commerce : *en Angleterre*, à ou par l'enregistreur actuel des Compagnies par actions, ou, en son absence, l'enregistreur-assistant ; en *Ecosse*, à ou par l'officier qui sera nommé par le conseil de commerce ; et *en Irlande*, à ou par l'enregistreur-assistant actuel des Compagnies par actions pour l'*Irlande*. Mais arrivant le cas où le conseil de commerce altérerait la constitution de l'office d'enregistrement existant, cet acte sera fait à ou par l'officier et aux lieux en référence avec la situation locale des offices enregistrés des Compagnies à enregistrer, selon que le conseil de commerce le choisira.

CINQUIÈME PARTIE

ABROGATIONS D'ANCIENS ACTES. — DISPOSITIONS TEMPORAIRES.

ABROGATIONS.

Abrogations de 7 et 8 Vict. C. 110. — 10 et 11 Vict. C. 78. — 18 et 19 Vict. C. 133.

107. — Sont abrogés :

1° L'acte passé dans la huitième année du règne de Sa Majesté actuelle, chapitre 110 ;

2° Un acte passé dans la onzième année du règne de Sa Majesté actuelle, chapitre 78, intitulé : « Acte pour amender un acte pour l'enregistrement, l'incorporation et les règlements des Compagnies par actions ; »

3° L'acte de 1855 sur la responsabilité limitée.

Mais ces abrogations n'auront aucun effet à l'égard des Compagnies complétement enregistrées, conformément audit acte de la huitième année de Sa Majesté actuelle, à moins que ces Compagnies n'aient pris un enregistrement conformément au présent acte, comme il sera ci-après mentionné.

Les dispositions de 11 Vict. C. 45. — 12 et 13 Vict. C. 108. — 7 et 8 Vict. C. 111. — 8 et 9 Vict. C. 98, ne s'appliquent pas aux Compagnies enregistrées en vertu du présent acte.

108. — Les actes suivants, savoir :

1° Un acte passé dans la onzième année du règne de Sa Majesté actuelle, chapitre 45, intitulé : « Un acte pour amender les actes facilitant la liquidation des Compagnies par actions et autres associations ; »

2° Un acte passé dans la treizième année du règne de Sa Majesté actuelle, chapitre 108 et intitulé : « Un acte pour amender l'acte de 1848 sur la liquidation des Compagnies par actions ; »

3° Un acte passé dans la huitième année du règne de Sa Majesté actuelle, chapitre 111 et intitulé : « Un acte pour faciliter la liquidation des affaires des Compagnies par actions hors d'état de faire face à leurs engagements pécuniaires ; »

4° Un acte passé dans la neuvième année du règne de Sa Majesté actuelle, chapitre 98, intitulé : « Un acte pour faciliter la liquidation des affaires des Compagnies par actions *en Irlande*, hors d'état de faire face à leurs engagements pécuniaires ; »

Ne s'appliqueront pas aux Compagnies enregistrées conformément au présent acte, ni aux Compagnies enregistrées conformément audit acte de la huitième année du règne de Sa Majesté actuelle, chapitre 110, à partir de et après la date à laquelle elles ont obtenu l'enregistrement, en vertu du présent acte, comme il sera mentionné ci-après.

Clauses non susceptibles d'être abrogées.

109. — Nulle abrogation ici prononcée n'affectera :

1° Rien de ce qui aura été légalement fait sous l'empire des lois abrogées par la présente, avant que cette abrogation ne soit en vigueur ;

2° Aucun droit acquis, ou aucune responsabilité encourue sous l'empire de ces actes, avant que cette abrogation ne soit en vigueur ;

3° Les pénalités, confiscations ou autres peines encourues ou à encourir à l'égard des contraventions contre ces actes, commises avant que cette abrogation ne soit en vigueur ;

4° Les procédures à suivre dans les poursuites pour obtenir un ordre à l'effet de liquider une Compagnie, faites avant que cette abrogation ne soit en vigueur.

Dispositions transitoires.

Enregistrement des Compagnies actuelles.

110. — Toute Compagnie complétement enregistrée conformément au-

dit acte de la huitième année du règne de Sa Majesté actuelle, chapitre 110, pourra le ou avant le 3 novembre 1856, comme aussi toute autre Compagnie dûment constituée en droit, antérieurement à la passation du présent acte et composée de sept ou un plus grand nombre d'actionnaires, pourra, à toute époque à l'avenir, s'enregistrer comme Compagnie, conformément au présent acte, avec ou sans responsabilité *limitée*, mais sous cette condition, que nulle Compagnie ne sera enregistrée, conformément au présent acte, comme Compagnie limitée, qu'elle n'ait obtenu, soit un certificat d'enregistrement complet avec responsabilité limitée sous l'empire « de l'acte de 1855 » sur la responsabilité limitée, ou que le consentement d'être ainsi enregistrée n'ait été donné par les trois quarts en nombre et en somme de ceux de ses actionnaires qui pouvaient être présents, soit personnellement, soit par mandataires, dans le cas où des mandataires seraient admis, par les statuts de la Compagnie, à une assemblée générale convoquée à cet effet.

111. — Préalablement à l'enregistrement, en vertu du présent acte, de toute Compagnie actuelle, il sera délivré à l'enregistreur des Compagnies par actions les documents suivants, savoir : Demandes d'enregistrement des Compagnies actuelles.

1° S'il s'agit d'une Compagnie complétement enregistrée conformément audit acte de la huitième année de Sa Majesté actuelle, chapitre 110, et que cette Compagnie n'ait pas l'intention de se faire enregistrer comme Compagnie limitée, il sera remis une liste portant les noms, adresses et professions de toutes les personnes qui, au jour de l'enregistrement, sont porteurs d'actions dans la Compagnie, avec l'addition des actions possédées par ces personnes respectivement, distinguant chaque action par son numéro;

2° Si la Compagnie dont il vient d'être parlé a obtenu un certificat d'enregistrement complet avec responsabilité limitée, sous l'empire de l'acte de 1855 sur la responsabilité limitée, ou si, n'ayant pas obtenu ce certificat, elle a l'intention d'être enregistrée comme Compagnie limitée, conformément aux dispositions du présent acte, la liste ci-dessus mentionnée sera accompagnée d'un état spécifiant les particularités suivantes :

Le capital nominal de la Compagnie et le nombre d'actions dans lequel il est divisé;

Le nombre d'actions prises et le montant payé sur chaque action;

Cet état comprendra aussi, dans le cas où la Compagnie n'aurait pas antérieurement obtenu un certificat de responsabilité limitée, mais où elle aurait l'intention d'être enregistrée comme Compagnie limitée, conformément au présent acte,

Le nom de cette Compagnie avec l'addition du mot *limitée* qui en sera le dernier mot :

3° S'il s'agit de toute autre Compagnie dûment et légalement constituée, antérieurement à la passation du présent acte et formée de sept personnes actionnaires, ou plus, et qu'elle n'ait pas l'intention d'être enregistrée comme Compagnie limitée, il sera délivré à l'enregistreur des Compagnies par actions la liste des actionnaires, comme il est mention ci-dessus, et aussi une copie de l'acte du Parlement, de la Charte royale, des lettres patentes, de l'acte de constitution, ou de tout autre document instituant ou réglant cette Compagnie;

4° Dans le cas où cette dernière Compagnie voudrait se faire enregistrer comme Compagnie limitée, la liste ci-dessus et ladite copie seront accompagnées d'un état spécifiant les particularités suivantes, savoir :

Le capital nominal de la Compagnie et le nombre d'actions dans lesquelles il sera divisé;

Le nombre d'actions prises et le montant payé sur chaque action;

Le nom de la Compagnie avec l'addition du mot « *limitée,* » qui en sera le dernier mot.

Authenticité des titres des Compagnies actuelles.

112. — La liste des actionnaires et les autres particularités relatives à la Compagnie, et dont la remise à l'enregistreur est requise par le présent acte, seront certifiées par une déclaration des directeurs de la Compagnie qui les délivreront, ou par deux d'entre eux, ou par deux autres principaux employés de la Compagnie, déclaration faite en conformité d'un acte passé dans la sixième année du règne de feu Sa Majesté Guillaume IV, chapitre 62; mais aucun droit ne sera dû pour l'enregistrement, conformément au présent acte, de toute Compagnie complétement enregistrée sous l'empire dudit acte de la huitième année du règne de Sa Majesté actuelle, chapitre 110, dans le cas où il n'y aura pas intention de limiter la responsabilité des actionnaires, ou lorsque la Compagnie aura déjà obtenu un certificat d'enregistrement complet, avec responsabilité limitée.

Certificat d'enregistrement des Compagnies actuelles.

113. — Lorsque les prescriptions précédentes auront été exécutées, l'enregistreur des Compagnies par actions certifiera sous sa signature que la Compagnie qui a ainsi demandé son enregistrement est incorporée comme Compagnie, conformément au présent acte, et s'il s'agit d'une Compagnie limitée, qu'elle est « limitée ; » sur quoi cette Compagnie sera, en conséquence, incorporée, et toutes les dispositions contenues dans l'acte de constitution, l'acte du Parlement, la Charte royale, les lettres patentes, ou tout autre instrument constituant ou réglant cette Compagnie, seront considérés comme les statuts de la Compagnie, suivant l'esprit du présent acte, dont toutes les dispositions s'appliqueront à cette Compagnie de la même manière, sous tous les rapports, que si elle avait été primitivement incorporée sous son empire; sauf néanmoins la réserve ci-après stipulée, à l'égard des droits ouverts au profit de créanciers ou autres personnes; sauf encore cette condition, que, à l'exception de ce qui sera ci-après permis, nulle Compagnie constituée par acte du Parlement n'aura le droit d'altérer aucune des dispositions contenues dans cet acte du Parlement, comme aussi nulle Compagnie, constituée par Charte royale ou lettres patentes n'aura le droit, par résolution spéciale ou autrement, d'altérer aucune des dispositions contenues dans cette Charte ou ces lettres patentes sans la sanction du conseil de commerce.

Pouvoir de toute Compagnie de changer son nom.

114. — Toute Compagnie actuelle peut, dans le but d'obtenir son enregistrement avec responsabilité limitée, changer son nom, en y ajoutant le mot « limitée, » ou faire tous autres actes qui pourraient être nécessaires.

Le certificat d'incorporation fera preuve.

115. Tout certificat d'incorporation, délivré à une Compagnie actuelle conformément au présent acte, sera une preuve décisive que les prescriptions y contenues, concernant l'enregistrement qu'il ordonne, ont été remplies, et la date de ce certificat sera considérée comme la date à laquelle la Compagnie est incorporée en vertu dudit acte.

Tous droits des créanciers réservés.

116. — L'enregistrement de toute Compagnie actuelle en vertu du présent acte, non plus qu'aucun acte de cette Compagnie, postérieur à cet enregistrement, ne préjudicieront aux droits, qui, antérieurement à cet enregistrement, avaient été ou se seraient ouverts, si cet enregistrement n'avait pas eu lieu, au profit de créanciers ou de toutes autres personnes contre la Compagnie, en sa capacité de corporation, ou contre tout individu étant alors ou ayant été membre de cette Compagnie ; et ces créanciers, ou autres personnes, auront droit aux mêmes réparations contre la Compagnie, en sa capacité de corporation, ou contre tout individu alors étant ou ayant été membre de cette Compagnie, qu'ils auraient eues, si l'enregistrement n'avait pas eu lieu.

ANNEXES.

Modèle A.

Article 7 de la loi.

MEMORANDUM D'ASSOCIATION DE LA « COMPAGNIE ORIENTALE DES BATEAUX A VAPEUR, LIMITÉE. »

1. — Le nom de la Compagnie est « Compagnie orientale des bateaux à vapeur, *limitée.* »

2. — L'office enregistré de la Compagnfe sera formée en Angleterre.

3. — Les objets pour lesquels la Compagnie est établie sont « le transport des « passagers et des marchandises en vaisseaux ou bateaux, entre les lieux que la Com« pagnie pourra de temps à autre déterminer, et de faire toutes les autres choses rela« tives ou conduisant au but de l'objet ci-dessus. »

4. — La responsabilité des actionnaires est « limitée. »

5. — Le capital nominal de la Compagnie est de deux cent mille livres, divisé en mille actions de deux cents livres chaque.

Nous, les différentes personnes dont les noms et adresses sont ci-dessous écrites, voulons être formées en une Compagnie, en conformité de ce présent *Memorandum* d'association, et nous consentons respectivement à prendre dans le capital de la Compagnie le nombre d'actions porté en face de nos noms respectifs.

NOMS ET ADRESSES DES SOUSCRIPTEURS.	NOMBRE D'ACTIONS prises PAR CHAQUE SOUSCRIPTEUR.
1. JOHN JONES, demeurant à..............................	200
2. JOHN SMITH, demeurant à..............................	25
3. THOMAS GREEN, demeurant à..............................	30
4. JOHN THOMSON, demeurant à..............................	40
5. CALEB WHITE, demeurant à..............................	15
6. ANDREW BROWN, demeurant à..............................	5
7. CÆSAR WHITE, demeurant à..............................	10
TOTAL des actions prises.............	325

Daté ce 27 novembre 1856.

Témoin des signatures ci-dessus.

A B, n° 13 Hute street, Clerkenwell, Middlesex.

Articles 9 et 10 de la loi.

Modèle B.

STATUTS POUR L'ADMINISTRATION DE LA COMPAGNIE.

Actions.

1. — Nul ne sera considéré comme ayant accepté des actions dans la Compagnie, s'il n'a certifié cette acceptation par un écrit signé de lui, dans la forme que la Compagnie pourra déterminer de temps à autre.

2. — La Compagnie pourra, de temps à autre, faire tels appels aux actionnaires, à l'égard des sommes non payées sur leurs actions, qu'elle jugera convenables, pourvu qu'un avis soit donné pour chaque appel vingt et un jours à l'avance au moins; et chaque actionnaire sera tenu de payer le montant des appels qui lui seront ainsi adressés, et ce aux temps et lieux indiqués par la Compagnie.

3. — Tout appel sera considéré comme ayant été fait à son temps, dès le moment où a été rendue la résolution qui l'autorise.

4. — Si, avant ou au jour fixé pour le payement, un actionnaire n'acquitte pas le montant de l'appel qui lui est fait, alors cet actionnaire devient passible d'en payer l'intérêt sur le taux de cinq pour cent par an, à partir du jour fixé pour le payement jusqu'au jour où ce payement aura lieu.

5. — La Compagnie peut, si elle le juge convenable, recevoir des actionnaires qui veulent bien en faire l'avance, tout ou partie des sommes par eux dues sur leurs actions respectives, au delà des sommes alors appelées; et pour ces sommes ainsi payées à l'avance, ou pour celles qui, de temps à autre, excéderont le montant des appels ainsi faits sur les actions à l'égard desquelles ces avances auront été faites, la Compagnie payera un intérêt au taux qui sera convenu entre la Compagnie et l'actionnaire payant ainsi à l'avance.

6. — Si plusieurs personnes sont enregistrées comme copropriétaires d'actions, l'une d'elles pourra donner des quittances valables pour tout dividende payé par rapport à ces actions.

7. — La Compagnie peut refuser d'enregistrer tout transfert d'actions fait par un actionnaire qui est son débiteur.

8. — Tout actionnaire, en payant telle somme n'excédant pas un shilling, qui sera déterminée par la Compagnie, aura droit à un certificat revêtu du sceau commun de la Compagnie, spécifiant l'action ou les actions dont il est porteur et le montant qu'il a payé pour elles.

9. — Si ce certificat est déchiré ou perdu, il peut être renouvelé en payant telle somme n'excédant pas un shilling, qui sera déterminée par la Compagnie.

9 *a*. — Le livre des transferts sera fermé durant la quinzaine précédant immédiatement l'assemblée générale ordinaire de chaque année.

Transmission d'actions.

10. — Les exécuteurs ou administrateurs d'un actionnaire décédé seront les seules personnes reconnues par la Compagnie comme ayant droit à ses actions.

11. — Toute personne ayant droit à quelque action par suite du décès, de la banqueroute ou de l'insolvabilité de l'actionnaire, ou par suite du mariage d'une femme actionnaire, ou de toute autre manière que par un transfert, sera enregistrée comme actionnaire en produisant telle preuve qui sera de temps à autre requise par la Compagnie.

12. — Toute personne ayant acquis des droits à une action par toute autre voie que par transfert, peut, au lieu d'être enregistrée elle-même, faire choix d'une autre personne qu'elle nommera pour être enregistrée comme détenteur de cette action.

13. — La personne à qui ce droit sera dévolu attestera ce choix en faisant, au profit de son représentant, un acte de transfert de cette action.

14. — L'acte de transfert sera présenté à la Compagnie, appuyé de telle preuve qu'elle exigera, pour établir le titre du cédant ; et, sur ce, la Compagnie enregistrera le cessionnaire comme actionnaire.

Confiscation d'actions.

15. — Si quelque actionnaire manque de payer un appel dû au jour fixé, la Compagnie pourra, à toute époque plus tard, durant tout le temps que cet appel restera non payé, lui adresser une notice le requérant de payer cet appel, ensemble avec l'intérêt qui aura couru à raison de ce non-payement.

16. — La notice désignera un jour ultérieur et le lieu ou les lieux où la Compagnie est dans l'usage de recevoir un tel appel, et dans les mains de qui et à qui cet appel doit être payé. Il sera également déclaré qu'en cas de non-payement au temps et au lieu désignés, les actions à l'égard desquelles cet appel est fait seront susceptibles d'être confisquées.

17. — S'il n'est pas fait droit aux réquisitions comprises dans ladite notice, toute action à l'égard de laquelle cette notice aura été donnée pourra être confisquée par une résolution des directeurs, prise à cette fin.

18. — Toute action ainsi confisquée sera considérée comme étant la propriété de la Compagnie, et elle pourra en disposer de la manière qu'elle jugera convenable.

19. — Tout actionnaire dont les actions auront été confisquées pourra néanmoins être tenu de payer à la Compagnie les appels restant dus sur ses actions, au moment de la confiscation.

Augmentation du capital.

20. — La Compagnie pourra, avec la sanction des actionnaires préalablement réunis en assemblée générale, augmenter son capital.

21. — Tout capital levé par la création de nouvelles actions sera considéré comme faisant partie du capital primitif, et sera soumis aux mêmes dispositions sous tous les rapports, soit à l'égard du payement des appels de fonds ou de la confiscation des actions pour non-payement de ces appels, ou pour toute autre cause, comme s'il avait fait partie du capital primitif.

Assemblées générales.

22. — La première assemblée générale sera tenue dans les douze mois de l'incorporation de la Compagnie, et au lieu qui sera désigné par les directeurs.

23. — Des assemblées générales ultérieures seront tenues aux jours et lieux fixés par la Compagnie en assemblée générale ; et s'il n'est indiqué aucun autre jour et lieu, une assemblée générale sera tenue le premier lundi de février de chaque année, au lieu qui sera désigné par les directeurs.

24. — Les assemblées générales mentionnées ci-dessus seront nommées « assemblées ordinaires. » Les autres assemblées générales seront nommées « assemblées extraordinaires. »

25. — Les directeurs pourront, quand ils le jugeront à propos, et ils y seront tenus sur la réquisition écrite d'un nombre d'actionnaires réunissant en tout au moins le cinquième des actions de la Compagnie, convoquer une assemblée générale extraordinaire.

26. — Toute réquisition ainsi faite par des actionnaires exprimera l'objet de l'assemblée qu'ils proposent de réunir, et sera laissée à l'office enregistré de la Compagnie.

27. Au reçu de cette réquisition, les directeurs procèderont immédiatement à la convocation d'une assemblée générale; s'ils ne procédaient pas à la réunir dans les vingt et un jours de la date de la réquisition, les requérants, ou tous autres actionnaires réunissant le nombre d'actions voulues, pourront eux-mêmes convoquer une assemblée.

28. — Sept jours à l'avance au moins, une notice spécifiant le lieu, le jour, l'heure de la réunion et le but pour lequel l'assemblée générale est convoquée, sera donnée par avertissement ou de toute autre manière, s'il y a lieu, qui sera prescrite par la Compagnie.

29. — Tout actionnaire peut, par une notice donnée dans les trois jours antérieurs, soumettre une résolution à l'assemblée, outre les matières contenues dans la notice donnée pour la réunion.

30. — La notice exigée de l'actionnaire sera donnée en laissant une copie de la résolution à l'office enregistré de la Compagnie.

31. — Aucune affaire ne sera traitée à l'assemblée, à l'exception de la déclaration du dividende, à moins qu'un *quorum* (1) d'actionnaires ne soit présent au commencement des opérations. Ce *quorum* sera calculé de la manière suivante ; — Si les actionnaires appartenant à la Compagnie, au moment de sa réunion, n'excèdent pas le nombre de dix, le *quorum* sera cinq ; — si leur nombre dépasse dix, il en sera ajouté, au-dessus de ce *quorum*, un par chaque cinq actionnaires additionnels, jusqu'à cinquante, et un par chaque dix actionnaires additionnels, après cinquante ; avec cette limite, qu'aucun *quorum* ne dépassera quarante.

32. — Après une heure d'attente au delà de celle fixée pour la réunion, si le nombre requis d'actionnaires n'est pas présent, la réunion, si elle a lieu sur la réquisition d'actionnaires, sera dissoute. Dans tous autres cas, elle sera ajournée au jour suivant, aux mêmes lieu et heure ; et si, à cette réunion ainsi ajournée, le nombre voulu d'actionnaires n'est pas présent, elle sera ajournée *sine die*.

33. — Le président (s'il y en a un) du conseil des directeurs, sera le président des assemblées de la Compagnie.

34. — S'il n'y a pas un tel président, ou si, à une réunion, il n'est pas présent au moment de la séance, les actionnaires présents choisiront l'un d'eux pour être le président de cette réunion.

35. — Le président peut, du consentement de l'assemblée, ajourner toute réunion d'un temps à un autre temps et d'un lieu à un autre lieu ; mais aucune affaire ne devra être traitée, à l'assemblée ajournée, autre que les affaires laissées en suspens à l'assemblée dont l'ajournement tiendra la place.

36. — Dans toute assemblée générale, à moins que cinq actionnaires, *au minimum*, ne demandent à aller aux voix, la déclaration faite par le président qu'une résolution a été adoptée, et son enregistrement porté à cet effet sur le livre des opérations de la Compagnie, seront une preuve suffisante du fait, sans être tenu de prouver le nombre et la proportion des votes recueillis pour ou contre cette résolution.

37. — Si la mise aux voix est demandée comme il vient d'être dit, elle sera prise de la manière qui sera déterminée par le président, et le résultat de cette mise aux voix sera considéré comme étant la résolution de la Compagnie en assemblée générale.

Votes des actionnaires.

38. — Tout actionnaire aura une voix par action jusqu'à dix ; il aura une voix de plus sur chaque cinq actions au-dessus des dix premières, jusqu'à cent, et une voix additionnelle pour chaque dix actions par lui possédées au-dessus du premier cent.

39. — Si un actionnaire est fou ou idiot, il peut voter par son conseil curateur aux biens ou tout autre curateur légal ; et lorsqu'un actionnaire est mineur, il peut voter par les personnes qui en ont la garde, son tuteur ou curateur, ou l'une de ces personnes ou curateurs, s'il en a plusieurs.

40. — Si une ou plusieurs personnes ont conjointement droit à une ou plusieurs actions, la personne dont le nom se trouve placé le premier sur le registre des actionnaires, comme l'une des propriétaires de cette ou de ces actions, et nulle autre, aura le droit de voter à raison de cette ou de ces actions.

41. — Nul actionnaire n'aura le droit de voter à une assemblée s'il n'a payé tous les appels de fonds dus par lui, ni s'il ne possède ses actions depuis trois mois ; à moins que ces actions ne lui aient été acquises ou ne lui soient venues par legs, par mariage ou par succession aux biens d'un intestat, par la coutume de la cité de

(1) Le *quorum* doit s'entendre ici du nombre *minimum* d'actionnaires nécessaire pour valider la réunion. (*Note du traducteur.*)

Londres, ou par un acte de règlement après le décès d'une personne qui avait droit, pendant sa vie, aux dividendes de ces actions.

42. — Tout vote peut être donné, soit personnellement, soit par mandataire; tout mandataire doit être nommé par un écrit signé du mandant, et si ce mandant est une corporation, cet écrit sera revêtu du sceau commun.

43. — Nul ne sera nommé mandataire s'il n'est actionnaire lui-même, et l'instrument ou mandat qui le nomme sera déposé à l'office enregistré de la Compagnie, quarante-huit heures au moins avant le temps fixé pour la tenue de l'assemblée à laquelle il se proposera de voter. Nul instrument ou mandat nommant un mandataire ne sera valable après l'expiration d'un mois au delà de sa date.

Des directeurs.

44. — Le nombre des directeurs et les noms des premiers directeurs seront déterminés par les souscripteurs du *Memorandum* d'association.

45. — Jusqu'à ce que les directeurs soient nommés, les souscripteurs du *Memorandum* d'association seront considérés comme étant directeurs pour l'exécution de toutes les dispositions dudit acte.

Pouvoirs des directeurs.

46. — Les affaires de la Compagnie seront administrées par les directeurs, et ils pourront exercer tous ceux des pouvoirs de la Compagnie qui, en vertu du présent acte ou en vertu des articles d'association, s'il en existe, ne sont pas déclarés devoir être exercés par la Compagnie en assemblée générale, en se soumettant néanmoins aux prescriptions des articles d'association, aux dispositions du présent acte et aux règlements qui ne seront pas incompatibles avec les prescriptions ou dispositions qui pourraient être postérieurement arrêtées par la Compagnie, en assemblée générale; mais nulle prescription délibérée par la Compagnie, en assemblée générale, ne pourra invalider aucun acte antérieur des directeurs qui aurait été valable si cette décision n'avait pas été prise.

Incapacité des directeurs.

47. — Les fonctions d'un directeur cesseront :

S'il occupe un autre emploi ou place salariée dans la Compagnie;
S'il tombe en banqueroute ou en insolvabilité;
S'il est intéressé ou prend part aux avantages dans quelque contrat passé avec la Compagnie;
S'il prend part dans les bénéfices de quelques travaux faits pour la Compagnie.

Toutefois, les prohibitions ci-dessus sont soumises aux exceptions suivantes : — Nul directeur ne perdra ses fonctions, encore qu'il soit actionnaire dans une Compagnie incorporée qui a passé quelque contrat ou fait quelques travaux pour la Compagnie dont il est directeur; néanmoins, il ne votera pas en ce qui concerne ces contrats ou travaux, et s'il le fait, son vote ne sera pas compté, et de plus il encourra une amende qui n'excèdera pas vingt livres.

Roulement des directeurs.

48. — A la première assemblée ordinaire, après l'incorporation de la Compagnie, la totalité des directeurs cesseront leurs fonctions; et, à la première assemblé ordinaire de chaque année subséquente, un tiers des directeurs alors en fonctions, ou, si leur nombre n'est pas un multiple de trois, le nombre qui s'en rapprochera le plus, cessera ses fonctions.

49. — Le tiers, ou le nombre qui s'en rapprochera le plus, qui devra se retirer à la première et à la seconde année suivant l'incorporation de la Compagnie, sera déterminé par un scrutin, à moins que les directeurs ne soient d'accord entre eux. Dans les années subséquentes, le tiers sortant, ou le nombre qui s'en rapprochera le plus, sera celui dont les fonctions auront duré le plus longtemps.

50. — Tout directeur sortant sera rééligible.

51. — La Compagnie, lors de l'assemblée générale où la totalité des directeurs cesseront leurs fonctions de la manière susindiquée, nommera à leurs places vacantes un pareil nombre de personnes.

52. Lorsqu'à une assemblée générale, convoquée pour une élection de directeurs, cette élection n'aura pas été faite, l'assemblée sera ajournée au lendemain, aux mêmes heure et lieu; et si, à cette assemblée ainsi ajournée, aucune élection ne se fait encore, les anciens directeurs continueront leurs fonctions jusqu'à ce qu'il en soit nommé de nouveaux à la première assemblée ordinaire de l'année suivante.

53. — La Compagnie peut de temps à autre, en assemblée générale, augmenter ou diminuer le nombre des directeurs; elle peut aussi déterminer le roulement auquel cette augmentation ou diminution donnera lieu pour entrer en fonctions ou en sortir.

54. Toute vacance accidentelle arrivant dans le conseil des directeurs sera remplie par eux; mais la personne ainsi choisie n'exercera ses fonctions que pendant le temps que les aurait gardées le directeur manquant, si la vacance n'avait pas eu lieu.

Fonctions des directeurs.

55. — Les directeurs peuvent se réunir pour l'expédition des affaires, ajourner ou régler leurs réunions de la manière qu'ils jugent à propos, en déterminant le *quorum* nécessaire pour la décision des affaires. Les questions soulevées dans toute assemblée seront délibérées à la majorité des votes; en cas de partage, le président, en addition à son vote primitif, aura un vote prépondérant. Tout directeur peut, à toute époque, convoquer une assemblée des directeurs.

56. — Les directeurs pourront choisir un président de leurs réunions et fixer la durée de ses fonctions. S'il n'y a pas de président élu, ou si, à une réunion, le président n'est pas présent au moment fixé pour sa tenue, les directeurs présents éliront l'un d'entre eux pour présider cette réunion.

57. — Les directeurs peuvent déléguer quelques-uns de leurs pouvoirs à des comités composés de ceux d'entre eux qu'ils jugent à propos de désigner. Tout comité ainsi formé sera tenu, dans l'exercice des pouvoirs à lui délégués, de se conformer aux prescriptions qui lui auront été imposées par les directeurs.

58. — Tout comité pourra choisir le président de ses réunions. S'il n'y a pas de président élu, ou s'il n'est pas présent à l'heure indiquée pour ces réunions, ils choisiront l'un d'entre eux pour les présider.

59. — Tout comité peut s'assembler et s'ajourner comme il le juge convenable; les questions agitées dans tout comité seront décidées par la majorité des votes des membres présents; en cas de partage égal des votes, le président aura voix prépondérante.

60. — Tous actes faits dans toute réunion de directeurs ou de comités de directeurs, ou par une personne agissant comme directeur, quoique par la suite on vienne à découvrir qu'il y a eu quelque vice dans la nomination de ces directeurs ou de ces personnes agissant comme il vient d'être dit, ou que l'un ou plusieurs d'entre eux étaient devenus incapables, seront aussi valables que si tous ces individus avaient été dûment nommés et eussent eu capacité d'être directeurs.

61. — Les directeurs feront tenir minute, sur les livres préparés à cet effet :

1° De toutes les nominations d'employés faites par les directeurs;

2° Des noms des directeurs présents à chaque réunion de directeurs ou de comités de directeurs;

3° De tous les ordres donnés par les directeurs et les comités de directeurs;

4° Enfin, de toutes les résolutions et opérations des assemblées de la Compagnie, ainsi que de celles de directeurs et de comités de directeurs; et les susdites minutes, lorsqu'elles seront signées par toute personne considérée comme le président d'une réunion de directeurs ou de comité de directeurs, fera foi sans aucune autre preuve.

62. Pourra la Compagnie, en assemblée générale, par une résolution spéciale, destituer tout directeur avant l'expiration du terme de ses fonctions, et nommer à sa place une autre personne ayant les qualités requises. La personne ainsi nommée n'exercera ses fonctions que pendant le temps où les aurait exercées le directeur dont elle prend la place, s'il n'avait pas été destitué.

Des Dividendes.

63. — Les Directeurs pourront, avec la sanction de la Compagnie, en assemblée générale, déclarer qu'un dividende sera payé aux actionnaires proportionnellement à leurs actions.

64. — Il ne sera payé de dividende que sur les profits donnés par les affaires de la Compagnie.

65. — Pourront les directeurs, avant de déterminer le payement des dividendes, mettre de côté, sur les profits de la Compagnie, telle somme qu'ils jugeront à propos comme fonds de réserve pour faire face à des éventualités, pour égaliser les dividendes, pour réparer ou entretenir les travaux relatifs aux affaires de la Compagnie ou quelque portion d'iceux : les directeurs pourront placer la somme, ainsi mise à part comme fonds de réserve, sur telles garanties qu'ils auront choisies avec la sanction de la Compagnie.

66. — Pourront les directeurs, déduire, des dividendes à payer à tout actionnaire les sommes par lui dues à la Compagnie à raison d'appels non satisfaits, ou pour tout autre cause.

67. — Notice des dividendes qui pourront avoir été déclarés sera donnée à chaque actionnaire ou envoyée par la poste ou de toute autre manière à sa demeure enregistrée ; tous dividendes non réclamés pendant trois ans après qu'ils auront été déclarés, pourront être confisqués par les directeurs au profit de la Compagnie.

68. — Nul dividende ne portera intérêt contre la Compagnie.

Des Comptes.

69. — Les directeurs feront tenir des comptes exacts :

Du fonds de commerce de la Compagnie ;

Des sommes d'argent reçues et dépensées par la Compagnie et des causes à l'égard desquelles ces recettes et ces dépenses ont eu lieu ;

Enfin, des crédits et responsabilités de la Compagnie.

Ces comptes seront tenus sur le principe de double entrée (1), dans un livre de caisse, journal et grand-livre.

Les livres de compte seront tenus au principal office de la Compagnie et soumis à telles restrictions raisonnables, quant au temps et au mode de les inspecter qui pourront être déterminés par la Compagnie, en assemblée générale ; ils seront ouverts à l'examen des actionnaires durant les heures d'affaires.

70. — Seront tenus les directeurs, une fois au moins chaque année, de déposer devant la Compagnie, en assemblée générale, un état des produits et dépenses pour l'année écoulée, balancé d'une date ne remontant pas à plus de trois mois avant cette assemblée.

71. — L'état ainsi fait montrera, sous les titres les plus convenables, le montant des grosses recettes, distinguant les différentes sources dont elles sont dérivées et le montant des grosses dépenses, distinguant les dépenses de l'établissement, les salaires et autres matières : chaque *item* de dépense convenablement faite, sur les produits de l'année, sera porté au compte, de manière qu'une juste balance de produits et pertes soit soumise à l'assemblée ; et dans le cas où des *item* de dépenses, qui pourraient parfaitement être distribués sur plusieurs années, seraient portés sur une seule, le montant total de ces *item* sera porté sur l'état, en y ajoutant les raisons pour lesquelles une portion de cette dépense n'a pas été portée, seulement, à la charge des produits de l'année.

72. — Une feuille balance sera dressée chaque année et déposée à l'assemblée générale de la Compagnie ; cette feuille balance contiendra un sommaire des biens et responsabilités de la Compagnie, arrangés sous des titres divisés dans la forme du modèle ci-annexé, ou s'en rapprochant le plus, suivant que les circonstances le permettront.

73. — Une copie imprimée de cette feuille balance sera, sept jours avant cette assemblée, délivrée ou envoyée par la poste à la demeure enregistrée de chaque actionnaire.

---

(1) Les termes français consacrés sont « en partie double » (*Note du rédacteur.*)

De l'Examen.

74. — Les comptes de la Compagnie seront examinés et l'exactitude de la feuille balance sera certifiée par un ou plusieurs examinateurs, à élire par la Compagnie en assemblée générale.

75. — S'il n'est nommé qu'un examinateur, les dispositions ici contenues relatives aux examinateurs lui seront applicables.

76. — Il n'est pas nécessaire que les examinateurs soient actionnaires dans la Compagnie ; nul ne peut être élu examinateur, qui a un intérêt autre que celui d'un actionnaire dans quelque transaction de la Compagnie ; nul directeur ou autre employé de la Compagnie n'est non plus éligible pendant la durée de ses fonctions.

77. — L'élection des examinateurs se fera par la Compagnie, lors de son assembléee ordinaire, ou, s'il y en a plus d'une, à la première assemblée ordinaire de chaque année.

78. — Les honoraires des examinateurs seront fixés par la Compagnie au moment même de leur élection.

79. — Tout examinateur qui aura rempli sa mission sera rééligible.

80. — S'il survenait une vacance accidentelle dans les fonctions d'examinateur, les directeurs convoqueraient immédiatement une assemblée générale extraordinaire, à l'effet de remplacer cet examinateur.

81. — Si aucune élection d'examinateurs n'a lieu de la manière susdite, le conseil de commerce pourra, sur la requête du cinquième en nombre des actionnaires de la Compaguie, nommer un examinateur pour l'année courante et fixer les honoraires à lui payer par la Compagnie, pour ses services.

82. — Il sera remis à tout examinateur une copie de la feuille balance ; son devoir sera de l'examiner avec les comptes et les pièces à l'appui.

83. — Tout examinateur aura une liste, qui lui sera délivrée, de tous les livres tenus par la Compagnie, et il aura accès à tous les moments convenables aux livres et comptes de la Compagnie ; il pourra, aux frais de la Compagnie, employer des comptables ou autres personnes pour l'assister dans l'examen de ces comptes et il pourra, au sujet de ces comptes, entendre les Directeurs ou autres employés de la Compagnie.

84. — Les examinateurs feront leur rapport aux actionnaires sur la feuille balance et les comptes ; et, dans leur rapport, ils déclareront si dans leur opinion la feuille balance est une feuille balance correcte et sincère, contenant les particularités requises par le présent règlement, et dressée convenablement et de manière à montrer un tableau exact et fidèle de l'état des affaires de la Compagnie ; et dans le cas où ils auraient demandé des explications ou des renseignements aux directeurs, si ces explications ou renseignements leur ont été donnés par ces directeurs et s'ils ont été satisfaisants ; ce rapport sera lu en même temps que le rapport des directeurs à l'assemblée ordinaire.

Des Notices.

85. — Les notices qui doivent être données par la Compagnie aux actionnaires, pourront être servies, soit personnellement, soit en les leur laissant ou les leur envoyant par la poste, dans une lettre adressée à ces actionnaires à leurs demeures enregistrées.

86. — Toutes notices devant être données à des actionnaires relativement à des actions dans lesquelles plusieurs personnes ont un droit solidaire, seront servies à n'importe laquelle de ces personnes dont le nom est inscrit le premier sur le registre des actionnaires ; cette notice sera une notice valable à l'égard de tous les propriétaires de ces actions.

87. — Toute notice devant être donnée en vertu du présent acte par avertissement sera publiée dans le journal circulant dans le district où se trouve situé l'office enregistré de la Compagnie.

Forme de la Feuille BALANCE mentionnée dans le modèle **B**.

DOIT. **Feuille BALANCE de la Compagnie** depuis jusqu' 186 . **AVOIR.**

CAPITAL ET DETTES.			£ S/D.	£ S/D.
I. Capital.		Montrant :		
	1.	Le montant total reçu des actionnaires montrant aussi : (a) Le nombre d'actions ; (b) Le montant payé par action ; (c) S'il y a arriéré dans les appels, la nature de l'arriéré et les noms des défaillants. Tout arriéré dû par un directeur ou un employé de la Compagnie doit être constaté séparément ; (d) Les particularités relatives aux actions confisquées.		
II. Dettes et créances sur la Compagnie.	2.	Montrant : Le montant des emprunts sur hypothèque ou des reconnaissances.		
	3.	Le montant des dettes de la Compagnie, distinguant : (a) Dettes pour lesquelles des acceptations ont été données ; (b) Dettes envers des commerçants pour fourniture de marchandises ou autres articles ; (c) Dettes pour dépenses de procès ; (d) Dettes pour intérêts sur reconnaissances ou autres emprunts ; (e) Dividendes non réclamés ; (f) Dettes non énumérées ci-dessus.		
VI. Fonds réservé.		Montrant : Le montant mis de côté sur les profits pour faire face aux éventualités.		
VII. Profits et pertes,		Montrant : La balance disponible pour le payement des dividendes, etc ;		
Créances casuelles.		Réclamations contre la Compagnie, non reconnues comme dettes ; Sommes à raison desquelles la Compagnie est fortuitement responsable.		

BIENS ET ACTIF.			£ S/D.	£. S/D
III. Propriétés possédées par la Compagnie.		Montrant :		
	4.	Les propriétés immobilières et distinguant : (a) Les francs fiefs ; (b) Les bâtiments ; (c) Les baux.		
	5.	Les propriétés mobilières distinguant : (d) Le fonds de commerce ; (e) Les productions végétales. Les frais doivent être constatés avec déduction pour la détérioration de la valeur comme portés au fonds de réserve ou aux profits et pertes ;		
IV. Dettes envers la Compagnie.		Montrant :		
	6.	Dettes considérées comme bonnes pour lesquelles la Compagnie a des billets ou d'autres sécurités ;		
	7.	Dettes considérées comme bonnes pour lesquelles la Compagnie n'a pas de sécurités ;		
	8.	Dettes considérées comme douteuses et mauvaises. Toute créance due par un directeur ou autre employé de la Compagnie doit être distinguée séparément		
V. Comptant et placements.		Montrant :		
	9.	La nature du placement et le taux de l'intérêt ;		
	10	Le montant de l'argent comptant, où il est encaissé et s'il porte intérêt.		

MODÈLE C.

MEMORANDUM D'ASSOCIATION DE LA « COMPAGNIE PATENTÉE DE STÉRÉOTYPIE, LIMITÉE », AVEC ANNEXE D'ARTICLES D'ASSOCIATION.

Memorandum d'association.

1° Le nom de la Compagnie est « la Compagnie patentée de stéréotypie ;
2° L'office enregistré de la Compagnie sera établi en Irlande ;
3° Les objets pour lesquels la Compagnie est formée sont « l'exploitation d'une mé« thode patentée de fondre et de graver des planches stéréotypées, pour laquelle « méthode John Smith, de............, est seul patenté ; »
4° La responsabilité des actionnaires est « limitée ; »
5° Le capital de la Compagnie est de deux mille livres, divisé en vingt actions de cent livres chacune.

Nous, les différentes personnes dont les noms sont ci-dessous écrits, voulant former une Compagnie, conformément au présent *Memorandum* d'association, nous nous engageons à prendre respectivement, dans le capital de la Compagnie, le nombre d'actions placées à la suite de nos noms respectifs.

NOMS ET ADRESSES DES SOUSCRIPTEURS.				NOMBRE D'ACTIONS prises PAR LES SOUSCRIPTEURS.
1. JOHN JONES, de	du comté	de	......	1
2. JOHN SMITH, de	du comté	de	......	5
3. THOMAS GREEN, de	du comté	de	......	2
4. JOHN THOMPSON, de	du comté	de	......	2
5. CALEB WHITE, de	du comté	de	......	3
6. ANDRÉ BROWN, de	du comté	de	......	4
7. ABEL BROWN, de	du comté	de	......	1
TOTAL des actions prises...........................				18

Témoin des signatures ci-dessus,

A. B.,
20, Bond Street, Middlesex.

Articles d'association de la Compagnie patentée de Stéréotypie « limitée. »

Il est convenu ce qui suit :

1° Nul actionnaire ne transférera ses actions sans le consentement des directeurs, donné par écrit ;
2° Si quelque actionnaire se trouve lésé par le refus des directeurs de consentir au transfert de ses actions, la contestation sera portée devant des arbitres ;
3° Les appels de fonds sur les actions de la Compagnie qui ne seront pas considérées comme actions libérées, seront faits aux époques fixées par les directeurs ; mais nul appel de fonds n'excèdera dix livres par action ;
4° La Compagnie ne sera pas tenu d'enregistrer le cessionnaire, conformément aux

articles 12 et 13 du modèle B, si celui-ci n'est pas approuvé par les directeurs : mais, dans le cas de leur désapprobation, l'affaire sera soumise à un arbitrage ;

5° Les articles 22, 23 et 25 du modèle B, concernant les assemblées générales, ne seront pas appliqués ;

6° La première assemblée générale de la Compagnie aura lieu le premier du mois de juillet prochain, et les assemblées générales ultérieures seront tenues le premier juillet de chaque année suivante, ou, si ce jour est un dimanche, au lundi suivant ;

7° Une assemblée générale extraordinaire pourra être convoquée à toute époque, sur la demande de deux actionnaires de la Compagnie ;

8° Toutes les contestations entre les actionnaires seront décidées par un arbitre nommé par la chambre de commerce de Manchester ;

9° Les dispositions de l'article 38 du modèle B, sur le vote des actionnaires, ne seront pas appliquées et chaque actionnaire aura une voix par chacune de ses actions.

Les différentes personnes ci-après nommées, souscripteurs au *Memorandum* d'association, seront les premiers directeurs de la Compagnie, savoir : John Jones, John Smith, Thomas Green, John Thompson, Caleb Whitt, André Brown et Abel Brown.

NOMS ET ADRESSES DES SOUSCRIPTEURS :

1. John Jones, de	dans le comté de
2. John Smith, de	dans le comté de
3. Thomas Green, de	dans le comté de
4. John Thompson, de	dans le comté de
5. Caleb Whitt, de	dans le comté de
6. André Brown, de	dans le comté de
7. Abel Brown, de	dans le comté de

Témoin des signatures ci-dessus.

A. B.,

20, Bond Street, Middlesex.

Modèle D.

TABLEAU DES DROITS D'ENREGISTREMENT.

	£	s.	d.
Pour l'enregistrement d'une Compagnie dont le capital n'excède pas £ 1,000	5	0	0
Pour chaque £ 1,000 de capital nominal ou chaque partie de £ 1,000, après les premiers £ 1,000 et jusqu'aux premiers £ 100,000, un droit additionnel de	0	5	0
Pour chaque £ 1,000 ou partie de £ 1,000, après les premiers £ 100,000, un droit additionnel de	0	1	0
Pour l'enregistrement d'une augmentation du capital de la Compagnie, pour chaque £ 1,000 ou partie de £ 1,000, jusqu'à £ 100,000 en totalité.	0	5	0
Pour chaque £ 1,000 ou partie de £ 1,000, au delà des premières £ 100,000 un droit additionnel de	0	1	0
Pour l'enregistrement d'une Compagnie déjà en opération, excepté les Compagnies qui, par le présent acte, sont exemptes de droits à raison de leur enregistrement sous l'empire dudit présent acte, il sera dû les mêmes droits que pour l'enregistrement d'une nouvelle Compagnie.			
Pour l'enregistrement de tout document qui, par les présentes, doit être ou est autorisé à être enregistré, autre que le *Memorandum* d'association	0	5	0
Pour inscrire dans le registre public tout fait qui, par les présentes, doit être autorisé à être inscrit par l'enregistreur des Compagnies, un droit de	0	5	0

Article 16

Modèle E.

SOMMAIRE DU CAPITAL ET DES ACTIONS DE LA COMPAGNIE DRESSÉ JUSQU'AU JOUR

Capital nominal £ divisé en actions de £ chaque.
Nombre des actions prises jusqu'au jour du mois d ....
Il a été appelé sur chaque action......£

Montant des appels reçus......£
Montant des appels non payés......£
Montant des actions confisquées......£

LISTE *des personnes ayant des actions dans la Compagnie..... le.... jour du mois d.. .. et des personnes y ayant des actions à toute époque durant l'année, précédant immédiatement ledit......jour du mois d..... montrant leurs noms et adresses ainsi que le compte des actions par elles possédées.*

FOLIO du Grand-Livre contenant les particularités.	NOMS, ADRESSES ET PROFESSIONS.				COMPTE D'ACTION.					OBSERVATIONS.
	NOMS DE FAMILLE.	NOMS de BAPTÊME.	DEMEURES.	PROFESSION.	ACTIONS POSSÉDÉES par les personnes qui étaient actionnaires le...... jour du mois d......	ACTIONS ADDITIONNELLES possédées par les actionnaires de l'année précédente.		ACTIONS DÉTENUES par des personnes qui ne sont plus actionnaires.		
						NUMÉRO	DATE du transfert.	NUMÉRO	DATE du transfert.	

Modèle F.

MODÈLE DE TRANSFERT D'ACTIONS.

Article 19.

Je soussigné, demeurant (1) en considération de la somme à moi payée par , demeurant par les présentes, transfère audit l'action (ou les actions) portant les numéros dans la Compagnie et enregistrées sous mon nom dans les livres de ladite Compagnie, pour les posséder par lui, dit ses exécuteurs, administrateurs et représentants (ou ses successeurs et représentants) en restant soumis aux différentes conditions sous lesquelles je les tiens moi-même au moment de l'exécution des présentes ; et moi ledit.............., par les présentes, je consens à prendre la ou lesdites actions, avec les conditions qui y sont attachées. En foi de quoi nous avons signé les présentes à............., le.................... jour du mois de.................

(1) On omettra ces mots s'il n'a été payé aucune somme.

Modèle G.

LICENCE POUR POSSÉDER DES TERRES.

Article 38.

Les lords du comité du conseil privé nommés pour délibérer sur les matières relatives au commerce et aux établissements étrangers accordent licence « à la Compagnie.......... limitée » de posséder les terres ci-après décrites (donner ici la description des terres). Les conditions de cette licence sont (insérer les conditions s'il y en a).

Modèle H.

POUR L'ANGLETERRE ET L'IRLANDE.

Article 44.

Contrat d'hypothèque fait entre « la Compagnie du Gaz de Londres limitée, » d'une part, et John Smith, de l'autre part.

Considérant que ledit John Smith a avancé à ladite Compagagnie la somme de mille livres, à la condition que la Compagnie lui rembourserait le premier janvier prochain, en même temps que l'intérêt sur le taux de cinq pour cent, et, dans le cas où ce remboursement ne serait pas fait ledit jour premier janvier, qu'elle payerait aussi longtemps que ce remboursement ne serait pas fait un intérêt au taux de cinq pour cent l'an par semestres égaux, les premiers janvier et juillet de chaque année ;

Aujourd'hui, il est par les présentes certifié que, pour garantir ladite avance, ensemble ses intérêts, ladite Compagnie, par les présentes, hypothèque audit John Smith et ses héritiers toutes les terres décrites dans la cédule ci annexée, avec leurs appartenances actuelles et telles qu'elles existent ; et il est par les présentes déclaré que si la Compagnie manque de payer la totalité en principal et intérêt des sommes par les présentes garanties, ledit jour premier janvier, alors ledit John Smith, ou toute autre personne ayant alors droit à ces sommes, pourra, à toute époque à l'avenir, en donnant à la Compagnie une notice de trois mois, vendre lesdits biens hypothéqués et se rembourser sur le prix de cette vente de toutes les sommes dues par hypothèque et des dépenses faites par lui par rapport à cette vente; remettant le surplus, s'il y en a, à la Compagnie ou à ses représentants. La condition relative à la notice ne s'appliquera qu'aux parties stipulant au présent contrat et ne touchera en rien à l'acquéreur, à l'égard duquel la vente sera valable, quoique cette notice n'ait pas été donnée.

En foi de quoi

Modèle I.

Article 45.

POUR L'ÉCOSSE.

Obligation et affectation en garantie par « la Compagnie du Gaz, à Edimbourg, limitée, » à John Smith.

Considérant que ledit John Smith a avancé à ladite Compagnie la somme de mille livres, à condition qu'elle la lui remettrait le premier janvier prochain, en même temps que les intérêts sur le taux de cinq pour cent, et que dans le cas où elle n'opérerait pas ce remboursement ledit jour, premier janvier, elle en payerait, aussi longtemps que ce remboursement ne se ferait pas, l'intérêt à cinq pour cent l'an par semestres égaux, les premier juillet et janvier de chaque année;

En conséquence, pour garantir ladite avance et ses intérêts, ladite Compagnie, par les présentes, hypothèque audit John Smith et ses héritiers et représentants quelconques, tout généralement ce qu'elle possède (décrire ses terres); il est de plus, par les présentes, déclaré que si la Compagnie manque de payer la totalité en principal et intérêts de la somme garantie par les présentes, le premier janvier, ledit John Smith, ou toute autre personne ayant alors droit à ces sommes pourra, à toute époque à l'avenir, après avoir donné à la Compagnie une notice de trois mois, vendre lesdites terres et se rembourser sur le prix de cette vente de toutes les sommes dues selon cette garantie et de toutes les dépenses par lui faites par rapport à cette vente, remettant le surplus, s'il y en a, à la Compagnie ou à ses représentants : la condition relative à la notice ne s'appliquera qu'aux parties stipulant au présent contrat et ne touchera en rien à l'acquéreur, à l'égard duquel la vente sera valable, quoique cette notice n'ait pas été donnée.

En foi de quoi, etc.

(Doit être signé et attesté en la forme ordinaire.)

Paris, imprimerie de Paul Dupont, rue de Grenelle-Saint-Honoré 45. (817)

www.ingramcontent.com/pod-product-compliance
Ingram Content Group UK Ltd.
Pitfield, Milton Keynes, MK11 3LW, UK
UKHW021518260726
13993UKWH00004B/1745